Nosotros como padres no podemos impartir lo que no poseemos. Podemos entregarles a nuestros hijos montones de "deberías" y "necesitas", pero al final no van a sonar verdaderos si esas ideas no *nos han transformado*. En su libro más reciente, *Cómo criar niños que oran*, el Dr. David Ireland no solamente lo preparará para orar, le enseñará a enseñarle a sus hijos a orar. Jesús ama a los niños. Sus promesas son igual de verdaderas para ellos que para nosotros. ¿Qué podría cambiar en nuestras familias hoy, y en el mundo en general, si más y más niños—con su fe infantil todavía intacta—aprendieran cómo orar las promesas de Dios? Me encanta esta línea del libro del Dr. Ireland: "La oración le da acceso a nuestros hijos a la ilimitada autoridad de Dios". Amén. Lea y aplique las palabras de estas páginas. Luego maravíllese a medida que Dios comience a moverse en y a través de sus hijos.

—Susie Larson
Conferenciante nacional
conductora de programas de radio hablada
Autora de *Your Powerful Prayers*
[Sus oraciones poderosas]

Este es un libro asombroso. Extraordinario. Profundo. Aleccionador. Alentador. Desearía haber tenido acceso a él cuando nuestros hijos eran pequeños. Insto a cada padre a leerlo cuidadosamente en oración. Cambiará su vida; y la de su hijo.

—Dr. R. T. Kendall
Ministro de la Capilla de Westminster
(1977–2002)

Al escuchar la oración y luego verlo g... strarse sobre

su rostro delante de Dios, incluyéndome, era claro: está familiarizado con la sala del trono.

—Pastor Tommy Barnett
Autor y pastor principal de
Phoenix First Assembly of God
Rector de la Southeastern University

Tengo un tremendo respeto y admiración por David Ireland, un líder brillante y estratégico, así como un hombre con un profundo carácter santo. David es elocuente y apasionado, ¡y un gran tipo en general! Así que cuando escuché que estaba publicando un nuevo libro titulado *Cómo criar niños que oran*, supe que sería divertido, revelador, práctico y útil. Este libro está lleno de historias conmovedores que enfatizan la importancia de enseñarle a los niños acerca de la fe y de la relación ¡con Aquel que más los ama! Le va a encantar este libro y se lo recomiendo ampliamente a cada padre o abuelo que esté buscando guiar a los pequeños a Jesús.

—Santiago "Jimmy" Mellado
Presidente y Director General
de Compassion International
Coautor de *Small Matters*
[Lo pequeño es importante]

Escrito a través de la lente del corazón de un padre, *Cómo criar niños que oran* ofrece una perspectiva práctica, relevante y bíblicamente sustanciosa para inspirar el corazón de nuestros hijos hacia su herramienta más valiosa en la vida: la oración. La oración es el epicentro del andar espiritual de cada uno sin importar la edad, y el libro de David Ireland genera una conmoción en el marco de referencia de la paternidad que con toda seguridad desarrollará, formará y discipulará jóvenes guerreros de oración en esta generación y más allá. Sin duda, el libro más importante que todo padre leerá a medida que se esfuerza por establecer el curso del desarrollo espiritual de su hijo.

—Sergio De La Mora
Pastor principal de Cornerstone Church
de San Diego
Autor de *La revolución del corazón*

El Dr. David Ireland tiene un sorprendente don apostólico con una mente muy prolífica. Su talento se demuestra en lo que ha construido, establecido y mantenido. Están los que nunca han construido nada y no "lo" pueden enseñar. Están los que "lo" enseñan, pero que no han construido nada. Están los que "lo" han construido y no "lo" pueden enseñar; pero están los que "lo" han construido y "lo" enseñan. David Ireland "lo" ha construido y "lo" está enseñando. Dios lo ha levantado para enseñarle a esta generación cómo hacer guerra a través de la oración.

—Obispo Tudor Bismark
Jabula New Life Ministries, Harare, Zimbabue

Dios usa a David Ireland para comunicar su Palabra con una pasión inusual y con la unción del Espíritu Santo.

—Jim Cymbala
Autor y pastor principal de
The Brooklyn Tabernacle

Cada enseñanza que da el Dr. Ireland expresa el detalle y la sabiduría de un doctor en filosofía, pero también el amor y la compasión de un niño.

—Kurt Warner
Mariscal de campo retirado de la NFL

Recuerdo haber conocido al Dr. David Ireland por primera vez hace casi dos décadas y haberme dicho a mí mismo que es un inteligente y talentoso comunicador del evangelio, al igual que de liderazgo, que ama a Jesús y que es altamente organizado. La preparación académica sumamente diversa del Dr. Ireland como ingeniero así como teólogo le permite ejercer la arquitectura bíblica con los complejos temas de la Escritura. Es un hombre de integridad y de una pasión obvia. Lo va a bendecir, desafiar y alentar sin importar el contexto. Recomiendo ampliamente a mi amigo el Dr. David Ireland.

—DR. SAMUEL R. CHAND
AUTOR DE *Leadership Pain: The Classroom for Growth*
[EL DOLOR DEL LIDERAZGO: EL AULA DEL CRECIMIENTO]

Cuando Concerts of Prayer del Área Metropolitana de Nueva York desea tener en sus eventos a un pastor de oración asombroso, con frecuencia señalamos al pastor David Ireland de la iglesia Christ Church. Es un ejemplo de oración y con firmeza dirige a su congregación a través de disciplinas de oración básicas que con frecuencia se dejan de lado. El Dr. David Ireland es un líder significativo en el Cuerpo de Cristo.

—DIMAS SALABERRIOS
PRESIDENTE DE CONCERTS OF PRAYER EN EL
ÁREA METROPOLITANA DE NUEVA YORK

Con tanto libros sobre la paternidad inundando el mercado, es refrescante encontrar uno que promete—y luego cumple con impartir—una instrucción y una perspectiva práctica y tangible que puede generar un impacto genuino de por vida en las familias cristianas. *Cómo criar niños que oran* es ese libro. En un capítulo tras otro, David Ireland despliega herramientas poderosas que los padres pueden utilizar de inmediato para ayudar a sus hijos a establecer un patrón vivo y constante de venir delante del trono de la gracia. Usted no puede leer este libro sin ser desafiado en su manera de pensar con respecto a la importancia de enseñarle a sus hijos y nietos a orar, sin importar lo chicos que estén. *Cómo criar niños que oran* debería ser lectura obligada para los padres cristianos.

—MICHAEL G. SCALES, DOCTOR EN EDUCACIÓN
PRESIDENTE DEL NYACK COLLEGE AND ALLIANCE
THEOLOGICAL SEMINARY

Desearía haber tenido este libro como recurso cuando mis hijos estaban chicos y yo estaba intentando criarlos para que crecieran conociendo a Dios. Como padre sabía que ser ejemplo y vivir mi experiencia cristiana delante de ellos era de la más alta importancia. Fui ejemplo para ellos de una vida de oración, oré por ellos y con ellos, pero hubiera apreciado las instrucciones que el Dr. Ireland da en este libro para criarlos para que oraran a una edad temprana. Alentaría a los padres cristianos a utilizar este libro como guía para enseñarle a toda la familia el poder de la oración.

—DRA. FREDA V. CREWS
CONDUCTORA DE *Time for Hope*
UN PROGRAMA DE TV INTERNACIONAL
SOBRE SALUD MENTAL BASADA EN LA FE

Cómo criar
NIÑOS
QUE
ORAN

Dr. David D. Ireland

CASA
CREACIÓN

La mayoría de los productos de Casa Creación están disponibles a un precio con descuento en cantidades de mayoreo para promociones de ventas, ofertas especiales, levantar fondos y atender necesidades educativas. Para más información, escriba a Casa Creación, 600 Rinehart Road, Lake Mary, Florida, 32746; o llame al teléfono (407) 333-7117 en Estados Unidos.

Cómo criar niños que oran por David D. Ireland, PhD
Publicado por Casa Creación
Una compañía de Charisma Media
600 Rinehart Road
Lake Mary, Florida 32746
www.casacreacion.com

Traducido por: pica6.com (con la colaboración de Salvador
Eguiarte D.G.)
Diseño de la portada: Studio Gearbox
Director de Diseño: Justin Evans

Originally published in the U.S.A. under the title:
Raising a Child Who Prays;
Published by Charisma House, a Charisma Media Company
Copyright © 2016 David D. Ireland
All rights reserved

Visite la página web del autor: www.davidireland.org

Aunque el autor hizo todo lo posible por proveer teléfonos y
páginas de internet correctas al momento de la publicación
de este libro, ni la editorial ni el autor se responsabilizan
por errores o cambios que puedan surgir luego de haberse
publicado.

Library of Congress Control Number: 2016942753
ISBN: 978-1-62998-995-2
E-ISBN: 978-1-62999-006-4

Impreso en los Estados Unidos de América
16 17 18 19 20 * 7 6 5 4 3 2 1

A mi madre, Sylvia Ireland, quien inculcó en mí el amor por los libros al enseñarme a escribir.

———— ☼ ————

CONTENIDO

———— ☀ ————

PRÓLOGO

———— ✣ ————

EN CUATRO DÉCADAS de ministerio internacional con niños he escuchado las oraciones de muchos miles de niños en docenas de idiomas y estoy convencido de que no hay un poder mayor en la Tierra; ¡los niños tienen una línea directa al cielo! Tan sencilla y poco elocuente como pueda ser la oración de un niño, va directo al corazón de Dios. Mateo 18:10 registra que Jesús dijo: "Miren que no menosprecien a uno de estos pequeños. Porque les digo que en el cielo los ángeles de ellos contemplan siempre el rostro de mi Padre celestial" (NBD). Como el Dr. David Ireland nos recuerda, Dios escucha nuestro corazón, no nuestras palabras. La inocencia y sinceridad de los niños y su total fe y valentía para creer y pedir cualquier cosa roba el corazón de Dios: "De los tales es el reino de los cielos" (Mateo 19:14). ¡En el cielo nos espera una sorpresa cuando descubramos que con mucha frecuencia las oraciones de los niños fueron las que movieron el cielo y la tierra!

Al igual que con otras habilidades de vida que les impartimos a nuestros hijos e hijas, el tiempo de enseñar la disciplina de la oración es la niñez, tan pronto como los pequeños puedan susurrar una oración. En Salmo 8:2, David sugiere que las oraciones de alabanza comienzan con los primeros arrullos felices de los bebés: "Con las primeras palabras de los niños más pequeños, y con los cantos de los niños mayores has construido una fortaleza por causa de tus enemigos. ¡Así has hecho callar a tus enemigos que buscan venganza!" (TLA). La oración es al mismo tiempo una *invitación* de parte del Dios todopoderoso: "Clama a mí, y yo te responderé; te daré a conocer cosas grandes y maravillosas que tú no conoces" (Jeremías 33:3, RVC), y un *mandato*: "Oren sin cesar" (1 Tesalonicenses 5:17, RVC). Del vientre a la tumba, es nuestro mayor privilegio estar en constante comunión con nuestro Dios.

En este importante libro mi amigo, el Dr. David Ireland, nos desafía a los padres: ¿qué mejor legado espiritual podríamos dejarle a nuestros hijos que una fuerte vida de oración? ¿Qué podría ser más importante que el que ellos aprendan cómo escuchar a Dios? La oración moldea el corazón, desarrolla la fe, profundiza el carácter, desarrolla compasión por otros, enseña gratitud y alabanza y fomenta la madurez espiritual. Y si llegaran a apartarse de caminar con el Señor más tarde en la vida, establece un sendero familiar de vuelta a casa a los brazos de su amado Salvador que los está esperando.

Es tentador, a la luz de esta enorme responsabilidad de enseñarle a nuestros hijos a orar, sentirse deplorablemente inadecuados. Quizá pensamos: *Nadie me enseñó,* o: *Yo mismo no soy tan buen guerrero de oración.* Pero el hecho de que haya seleccionado este libro habla bastante acerca del deseo de su buen corazón y de su profundo amor por sus hijos y su formación espiritual. Por cierto, ¡esté preparado para ser bendecido por lo mucho que el proceso de enseñarle a orar a su hijo revolucionará su propia vida de oración!

El gozoso privilegio y deber sagrado de enseñarles a nuestros hijos a orar es crucial y bastante hacedero. Este libro escrito por un hombre de oración es un mapa detallado que es al mismo tiempo inspirador y práctico. Y semejante a él es cálido, humorístico y revelador. Que su corazón sea estimulado y recompensado a medida que comience a escuchar de los labios de su hijo: "Te lo pido en el nombre de Jesús, amén".

—Dr. Wess Stafford
Presidente emérito de Compassion International
Autor de *No olvides a los niños: Ellos son la esperanza del futuro* y de *Just a Minute: In the Heart of a Child, One Moment...Can Last Forever*
[Solo un minuto: En el corazón de un niño, un momento...puede durar para siempre]

INTRODUCCIÓN

❋

NO ESTABA ESPERANDO esto. Mi plan era pasar unos minutos en la sala de oración después de un congreso global en Corea del Sur. La sala zumbaba con el sonido de las voces de varios pequeñitos.

"¡Dios, dame a México!", vino la petición de un rincón de la sala de oración. Otra voz sollozaba: "¡Señor, envíame a Pakistán!". En el mismo momento escuché una voz que provenía de una pequeña figura postrada que clamaba: "Úsame en Turquía".

Cuando voltee a ver quién estaba orando, mis rodillas hicieron un ruido sordo al golpear el suelo. Mis ojos se inundaron de lágrimas. En lugar de los perseverantes intercesores de siempre, quedé asombrado de ver niños pequeños; algunos tan jóvenes como los siete años de edad. Como era de noche, los niños traían puesto el pijama. Uno traía ropa para dormir de superhéroe; otra parecía una pequeña princesa. Pero todos estaban buscando al Señor con entusiasmo. La imagen de estos miniintercesores clamando delante de Dios se quedó grabada en mi mente. Eran *sus* pequeñas voces las que estaban rogando por México, Pakistán y Turquía.

Apenas podía concentrarme en mis propias oraciones porque mi mente estaba corriendo a un millón de millas por minuto. Estos pequeños guerreros arrodillados habían expuesto mi ignorancia acerca de los niños y de la oración. Mis nociones preconcebidas de edad cronológica y crecimiento espiritual estaban siendo desbancadas; más bien, diezmadas. Estos niños *sabían cómo orar*. Sabían cómo presentar sus casos delante del trono de la gracia de Dios. No había duda: la sala del trono de Dios estaba igual de accesible para estos pequeños al igual que para los adultos en su Reino.

Estos niños misioneros no le estaban pidiendo a Dios una vida cómoda de clase media. Ni siquiera estaban pidiendo el último dispositivo electrónico; ni tampoco una versión antigua o algo semejante. Al acercarme, sentí su corazón en pos de Dios. Estos niños conocían el poder y la necesidad de la oración. Sus padres vivían en la línea de fuego del cristianismo. Algunos estaban emplazados en países con leyes estrictas que prohibían la propagación del cristianismo. De hecho, algunas de estas naciones tenían perspectivas religiosas y culturales que consideran al cristianismo tan objetable que a sus seguidores les espera la prisión o la muerte. A pesar de la dificultad de vivir para Cristo, estos niños le estaban pidiendo a Dios que los enviara a lugares peligrosos a servir.

Yo pensé para mí mismo: Si cada padre pudiera ver y entender el poder de los niños que oran, le prestarían mucha más atención al desarrollo espiritual de sus hijos. El hecho de que este libro este en sus manos habla bastante acerca de usted. ¡Usted se interesa! Está convencido de que sus hijos pueden aprender a orar. Y usted se encuentra absolutamente en lo correcto. Siga leyendo. Le voy a enseñar cómo criar a un hijo (o nieto) que ora. Es vital para lograr una vida cristiana floreciente.

Aunque sus hijos aprendan cómo orar, seguirán siendo niños. Algunas veces de su boca emergerán oraciones tiernas porque son niños. Un niño oraba:

> Querido Dios, por favor cuida de mi papi y de mi mami y de mi hermana y de mi hermano y de mi perrito y de mí. Ah, y, por favor, cuídate, Dios. Porque si algo te pasa, vamos a estar en un verdadero desastre.

A pesar de estos momentos graciosos habrá los serios que nos harán saber que están tan conectados con Dios como nosotros. Sus hijos pueden aprender a orar. Solo necesitan un poco de guía y paciencia. Allí es dónde usted entra.

POR QUÉ ESCRIBÍ ESTE LIBRO

Mi esposa y yo somos pastores quienes hemos servido en el ministerio durante casi treinta años. Pero incluso como pastores, cuando Marlinda y yo les estábamos enseñando a nuestras hijas ya adultas a orar, nos habría venido bien un poco de ayuda. Algunas veces nuestra instrucción hacia nuestras hijas era casi perfecta; como de libro de texto. Otras veces no era linda. Nuestras hijas estaban a la defensiva. Mis métodos eran débiles y aburridos. Nuestras actitudes eran menos que estelares, por decir lo menos. Parecía el descarrilamiento de un tren sin solución. Lágrimas, corazones pesados y rostros hinchados eran el retrato familiar durante esos momentos. No obstante, si uno toma a pecho la perspectiva de Jesús de "orar siempre, sin desanimarse" (Lucas 18:1, NVI), incluso durante los tiempos difíciles Dios se mostrará fiel a su favor. ¡Simplemente, no se rinda! La paternidad es un maratón y no un esprint de sesenta yardas [54,86 m].

A lo largo de mis años en el pastorado he observado a los niños orando con fervor y pasión. Estos intercesores siempre tenían un padre que los alentaba diciéndoles que eran importantes para Dios. Criar a un niño que ora es bastante hacedero, incluso en nuestra cultura acelerada y quebrantada. A medida que usted aprenda a depender del Señor y su gracia, descubrirá sabiduría de lo alto que lo guiará a lo largo de las muchas etapas de su paternidad. No está solo. Dios está con usted. Y su hijo seguirá sus pasos a medida que se mantenga en curso.

Según la Sociedad Bíblica Internacional, casi 85% de las personas que se convierten en seguidores de Cristo lo hacen entre las edades de cuatro y catorce años.[1] De hecho, esta información estadística es conocida como La Ventana 4/14. Varias organizaciones cristianas están creando y derramando recursos ministeriales en niños dentro de ese grupo etario a causa de los tremendos resultados que produce.

Si el cristianismo va a mantener su presencia global en las futuras generaciones, debemos colocar un pesado énfasis en el desarrollo espiritual de nuestros hijos. No es suficientemente bueno para nosotros tener una fuerte vida espiritual mientras que nuestros hijos navegan por la costa en neutral. Nuestros hijos también deben disfrutar una rica vida espiritual. El verdadero cristianismo es evidente cuando su vida está llena de fuego y celo por el Señor. Esto solamente proviene del combustible de la oración.

Escribí este libro como una guía para los padres. Quiero venir a su lado para desmitificar la oración, alentarlo y brindarle consejos útiles de cómo hacerlo a medida que cría a sus hijos para orar. Esta es una habilidad que se puede enseñar, así como todas las demás etapas de la paternidad. ¿Recuerda los días de entrenarlos para ir al baño o atarse los cordones de los zapatos? ¿O incluso proezas todavía mayores como enseñarlos a compartir o a decir "gracias"? Usted escaló esas montañas con éxito. Si sigue escalando esas cumbres, continúe avanzando. La victoria está adelante. Y es dulce.

LOS BENEFICIOS DEL LIBRO

Hay una gran cantidad de libros en el mercado hablándonos acerca de la necesidad de enseñarle a nuestros hijos sobre la oración, pero muy pocos dicen *cómo*. Este libro ofrece tres beneficios.

Brinda consejos sobre cómo enseñar a orar

Voy a servir como su instructor de oración a lo largo del libro. Le ofreceré ánimo y dirección en una manera tan accesible que desarrollará su confianza y alimentará su propio crecimiento espiritual. Esto es crucial porque usted es el primer maestro de su hijo y el más memorable. Si su vida de oración profundiza y madura más, usted tendrá un mayor éxito en criar a un niño que ora. Es solamente lógico para usted desarrollar una vida de oración saludable antes de pedirle a alguien que haga lo mismo. Si no encuentra un beneficio personal en la oración, tampoco sus hijos. El mejor sermón es un sermón que se vive.

Compartir el valor y la relevancia de la oración solamente hará eco en sus hijos después de que hayan visto respuestas a la oración de primera mano. No se preocupe; tendrá toneladas de respuestas. Dios es un Dios que responde la oración. Él no obtiene gloria alguna de las oraciones sin respuesta. Justo lo opuesto. Dios recibe gloria de nuestras oraciones *respondidas*. A semejanza de cualquier otro padre, Dios se deleita cuando sus hijos pueden decir: "Jehová es mi pastor; nada me faltará" (Salmo 23:1). Las oraciones respondidas hacen que no nos falte nada.

Hay oraciones cortas dentro de cada lección y en la conclusión de cada capítulo que le invito a hacer. Al final del libro hay ejercicios de oración prácticos que usted y su hijo pueden hacer juntos. Son divertidos, relevantes para la cultura en la que vivimos y bastante educativos. Esto mantiene el libro práctico, al mismo tiempo de darle la oportunidad de ver a Dios responder sus oraciones.

Destaca a los niños que oran

Cómo criar niños que oran lo ayudará a entender que Dios no oprime el botón de pausa en la vida espiritual de sus hijos y se espera hasta que sean adultos. Su sala del trono es accesible para ellos. Esto usted lo verá a medida que le muestre el desarrollo espiritual y los pasos que los niños (en la Biblia y en la actualidad) tomaron para experimentar una rica vida de oración.

Cada capítulo está lleno de historias divertidas y técnicas sencillas para ayudar a su hijo a aprender a orar. Usted escuchará testimonios de padres como usted que han criado con éxito a pequeños guerreros que oran sobre sus rodillas.

Cómo criar niños que oran lo ayudará a responder las siguientes preguntas:

- ¿Qué necesito para crecer espiritualmente y ser un mejor ejemplo?
- ¿Cómo puedo orar por mis hijos en una manera más eficaz?
- ¿Cómo se desarrollan los niños espiritualmente?
- ¿Cómo puedo enseñarle a mis hijos a orar?
- ¿Qué aspecto tiene la vida de oración saludable de un niño?

- ¿Cómo puedo asegurarme de que mis lecciones de oración crecerán con ellos?

Brinda consejos de paternidad

A lo largo del libro ofreceré información que le ayudará a entender el desarrollo emocional, psicológico y espiritual de los niños. Entender la ciencia social detrás de la formación espiritual de los niños y cómo procesan las verdades religiosas será invaluable para criar un niño que ora. Este tipo de información hace que su paternidad sea integral.

Cómo criar niños que oran se centra en el aspecto práctico de la paternidad. Dios tiene grandes planes para sus hijos. Criarlos con la habilidad de vida de la oración es esencial para que logren esos planes inspirados por Dios. No podemos ignorar este aspecto de la paternidad.

Hace miles de años el profeta Jeremías bramó: "Porque yo sé muy bien los planes que tengo para ustedes—afirma el Señor—, planes de bienestar y no de calamidad, a fin de darles un futuro y una esperanza" (29:11, NVI). Estas palabras están vivas hoy. Hablan acerca del sueño de Dios para usted y para sus hijos.

¡Su hijo está destinado a la grandeza! Estas no son simplemente las palabras de ánimo del escritor, sino la Palabra de Dios que se encuentra en las Sagradas Escrituras. *Cómo criar niños que oran* lo ayudará a asegurarse de que los sueños de Dios para sus hijos se cumplan.

Capítulo 1

EL PODER DE UN PADRE QUE ORA

———— ✳ ————

Y O APENAS TENÍA doce años. Nunca había visto antes a alguien tan enfermo. Mi abuelo paterno estaba en su lecho de muerte. El lado izquierdo de su cuerpo estaba paralizado a causa de una embolia severa. Como no podía hablar, señaló la cajonera cercana con el brazo que le funcionaba. Había cuatro Biblias negras apiladas una sobre la otra. La enfermera las trajo. Aparentemente él quería ser quien le diera los libros a cada uno de sus nietos. Por orden de nacimiento mis hermanos y yo nos acercamos a un lado de su cama. Yo fui el tercero.

Yo estaba terriblemente asustado. Tan cerca y personal, la muerte no se parecía nada a como se veía por televisión. Su rostro ausente, cenizo, había perdido su brillante y vivo color marrón natural. Sus ojos eran grisáceos y turbios. Me acerqué lentamente a él, tratando de retrasar el momento de encuentro todo lo que pudiera. Yo estaba realmente asustado. Recuerdo que mi papá me empujó hacia adelante a través de poner su mano abierta en el centro de mi espalda. Me resistí un poco, pero su fuerza probó ser demasiado qué batallar. Su discreto empujón me llevó rápidamente al lado de *su* padre.

Con su mano derecha mi abuelo me entregó su apreciado regalo. Él solo podía hablar a través de expresiones de sus ojos nublados y difíciles movimientos faciales. No creo haber visto una Biblia antes de ese día, ni tenía un marco de referencia—ni reverencia—por lo que significaba. El pesado fajo de páginas encuadernadas en piel era claramente muy importante para él. Pero para mí, era solo un libro; un libro negro de pasta dura. Murió unos días después.

La experiencia para mí no significó nada. Como no teníamos una relación, ese intercambio en su lecho de muerte fue la primera vez que lo vi. En mi mente de doce años, el padre de mi papá simplemente había muerto. Ni siquiera lo personalicé como "mi abuelo" porque ese fue nuestro único contacto el uno con el otro. Cuando volví a casa, recuerdo haber puesto la Biblia en el último cajón de mi vestidor. No la volví a abrir hasta que cumplí veinte años.

Esa fue la edad en la que nací de nuevo. Mi conversión sucedió poco después de mi graduación de la universidad. Estaba viviendo en un dormitorio en Nueva Jersey, que parecía estar a mundos de distancia de mi familia y el hogar de mi niñez en Queens, Nueva York. Regresé a casa para un corto descanso de verano antes de continuar con el posgrado. Por alguna razón necesitaba algo del último cajón. Al abrirlo, la Biblia me miró a la cara. Ahora significaba todo para mí. Esta era la carta de amor de Dios para la humanidad. Era mi mapa para cada aspecto de la vida y de la fe. Si iba a crecer en Cristo, este libro debería convertirse en mi compañero. Lentamente lo abrí. La inscripción me golpeó como una tonelada de ladrillos. Decía: "Para David del Abuelo". Al leerlo y releerlo, no podía sacudirme el poder de esta sencilla declaración. Mi abuelo, a quien solamente conocí en su lecho de muerte, pensó lo suficiente en mí como para dejarme un legado invaluable: fe en Dios.

No me dejó dinero. No me dejó un terreno. Me dejó algo mucho más valioso. Me dejó un legado espiritual; una manera de conectarme con Dios.

Este es el papel principal de un padre y de un abuelo. Debemos dejar un legado espiritual a nuestros hijos. ¿Qué mejor legado que una buena vida de oración?

Si puede dejarles a sus hijos dinero como herencia, déjeselos. Si puede dejarles una propiedad, hágalo sin falta. Pero sobre todo, deles el obsequio de una fe inconquistable, un impulso imparable y una pasión insaciable de servir a Jesucristo. ¡Déjeles a Dios como legado!

UN PADRE QUE ORA

El apóstol Pablo tenía que señalar el legado espiritual de Timoteo. Era una parte vital de quién era. Lo ayudó a definirlo como hombre, como seguidor de Cristo y como un apóstol emergente. Las acciones de Timoteo instaron a Pablo a escribir: "Traigo a la memoria tu fe sincera, la cual animó primero a tu abuela Loida y a tu madre Eunice, y ahora te anima a ti. De eso estoy convencido" (2 Timoteo 1:5, NVI). El joven Timoteo se volvió el recipiente de un legado que había pasado de una generación a otra. Dos generaciones de mujeres de oración lo moldearon de dentro hacia afuera.

La vida de Timoteo en su hogar, creada por la fe de su abuela y de su madre, dejó en él una marca indeleble. Su abuela y su madre eran mujeres de oración. Y su comportamiento le dio forma al suyo. La cruda realidad es que no puede llevar a alguien adonde nunca ha estado usted mismo. Criar niños de oración significa que usted primero debe tener cierta medida de destreza usted mismo. En el libro *No Easy Road* [No es un camino fácil] Dick Eastman dice: "Para aprender a orar debemos orar. Solamente aprendemos las profundidades más hondas de la oración orando, no de los libros. Alcanzamos las más altas alturas de la oración orando, no a partir de sermones".[1]

La observación de Eastman no está aislada. E. M. Bounds, el prolífico autor de numerosos libros sobre la oración, señala: "La oración es un oficio que se debe aprender. Debemos ser aprendices y dedicarle tiempo. Se requiere un cuidado esmerado, mucha consideración, aplicación y labor para ser un practicante hábil de la oración".[2] ¿Trataría de enseñarle a nadar a su hijo si se sintiera incómodo en el agua?

Susanna Wesley, la madre de Juan y Carlos Wesley—los hermanos fundadores de la iglesia metodista—tuvo diecinueve hijos. Pocas veces se perdía la hora diaria de oración. Incluso con la presión y el compromiso de tiempo de la maternidad se hacía el tiempo para estar con Dios. No tenía una habitación privada o un lugar dedicado al cual acudir y buscar al Señor. No obstante, eso no la detuvo. Este hábito le facilitó ser un ejemplo de oración para sus hijos. Eastman documenta la práctica de Susanna de este modo: "En la hora escogida para su ejercicio espiritual ella tomaba su delantal y se lo ponía sobre la cabeza. Sus hijos habían sido instruidos a nunca molestar a 'Madre' cuando estuviera orando en su delantal".[3]

La vista de un padre en oración deja una inmensa impresión en el alma de un niño. Supera cualquier instrucción verbal que alguna vez le vaya a dar a su pequeño sobre la oración. Esta observación llevó al pastor principal y autor, Rick Warren, a decir: "Un papá tiene su mayor altura cuando se arrodilla a orar con sus hijos".[4]

Susanna Wesley le enseñó a cada uno de sus hijos el padrenuestro (Mateo 6:9–12) tan pronto aprendían a hablar. Los hacía que lo recitaran dos veces al día: cuando despertaban y nuevamente al irse a dormir. A medida que crecían, añadía otros elementos a su régimen de oración. Les enseñaba a orar por sus padres y algunas de las promesas que se encuentran en la Biblia. Todo esto se basaba en su etapa de desarrollo y habilidad de memorización.[5]

Es verdad que estamos viviendo en una época distinta con normas y expectativas diferentes. Pero como cristianos nunca deberíamos virar de este objetivo de la paternidad: "Instruye al niño en su camino, y aun cuando fuere viejo no se apartará de él" (Proverbios 22:6). La versión en inglés de la Biblia, The Message, lo dice de esta manera (traducido al español): "Dirige a tus hijos en la dirección correcta; cuando sean viejos no se perderán". No podemos dejarnos vencer por la cultura popular que sugiere que dejemos que nuestros hijos formen su propia opinión con respecto a Dios, la fe o la oración. Dios nos exige que tomemos el papel de un maestro; un maestro de oración. De modo que volvemos al punto de partida: para criar un niño que ora ¡usted debe ser un una persona que ora!

Vi la verdad de esto en un congreso en el que la conferenciante me mantuvo en la orilla de mi asiento mientras compartía la Palabra. Su sermón era sobre un tema que había escuchado mil veces: *oración*. Teniendo treinta años como pastor había predicado sobre él por lo menos unas cien veces. Sin embargo, había algo diferente en la predicación de Theresa. Su conocimiento no era simplemente académico. Era una intercesora experimentada.

Pero eso no era todo. Escuché con atención, tratando de entender por qué un tema tan básico tenía a cientos de pastores absortos. Éramos como barro en sus manos. Sospecho que la mayoría de nosotros habíamos sido preparados en un seminario. Predicar era nuestro oficio, nuestra habilidad y nuestra área de destreza. No es fácil para un predicador dejar a otro sin palabras, pero Theresa "lo" tenía. A la mitad de su sermón la fuente de su unción se volvió más clara. Ella dijo: "De chica solía despertarme a media noche para ir al baño y veía a mi papá en la sala de estar arrodillado orando. Algunas veces podía escuchar sus fuertes sollozos mientras le pedía a Dios que salvara a sus hijos. Estaba orando por mi alma.

Y también estaba orando por la conversión de mis siete hermanos".

En ese momento hizo una pausa, como si hubiera salido momentáneamente del lugar, llevada cautiva por sus recuerdos de la infancia de un padre que oraba. Fue tan conmovedor que sentí como si hubiera sido llevado a ese momento con ella. Me amaneció: un padre que ora es el mejor cimiento para criar a un niño que ora. De hecho, el autor y maestro, Mark Batterson, escribe: "La oración convierte a padres ordinarios en profetas que moldean el destino de sus hijos, nietos y de cada generación que venga".[6] La vida y el ministerio de Theresa son testimonio de este hecho. ¡No tiene que ser un padre perfecto, sino un padre que ora! La participación de Dios en la crianza de su hijo llenará los huecos de paternidad que usted no fue capaz de llenar.

DÉ EL PRIMER PASO

Marlinda y yo tenemos más de treinta años de casados. Tenemos dos hijas adultas. Como usted sabe, ser padre es un trabajo agotador. Sin embargo, es un trabajo que no dejaría por nada en el mundo. Me encanta ser padre. Pronto descubrí que es fácil que a uno le encante ser papá; pero tener lo necesario para ser un *buen* papá es igual de difícil en magnitud. Obtener la máxima nota de calificación como padre significa que con frecuencia tendrá que conformarse con una nota promedio en otras áreas. Pero aunque es extremadamente difícil para nosotros los padres alguna vez obtener la máxima nota, el mero esfuerzo lo vale.

La oración tiene que convertirse en una parte real de su vida; de cada aspecto de su vida. En otras palabras, no puede ser un padre que ora simplemente por el bien de sus hijos, así como no puede decidir nacer de nuevo por el bien de ellos. Ciertamente sus hijos se beneficiarán de su decisión de servir a Cristo. Pero la decisión de servir a Cristo debe venir primero de reconocer que *usted* lo necesita.

Es igual a como cuando los sobrecargos instruyen a los pasajeros antes de despegar, y les dicen: "Damas y caballeros [...] en caso de una despresurización automáticamente aparecerá una mascarilla de oxígeno delante de usted. Para comenzar el flujo de oxígeno, hale la mascarilla hacia usted. Colóquela firmemente sobre su nariz y boca [...] si está viajando con un niño o con alguien que requiere asistencia, colóquese primero la mascarilla y luego ayude a la otra persona".[7] En otras palabras, póngase la mascarilla de oxígeno primero.

Si usted quiere que la oración sea una parte importante de la vida de su hijo, probablemente necesite reordenar las prioridades de su propia vida. Orar requiere tiempo. No estoy sugiriendo que la oración deba ocupar la mayor parte de su día. No tiene por qué. Incluso y si aparta quince minutos cada día para un tiempo a solas con Dios bien concentrado, estará abriendo una tremenda avenida hacia desarrollar un estilo de vida genuino de oración. Con toda seguridad usted cuenta con quince minutos. Cada día tiene noventa y seis bloques de quince minutos. Escoja uno. Establezca un tiempo de oración que le acomode y que sea regular. Incluso, si tiene que ponerse un delantal en la cabeza como Susanna Wesley para evitar interrupciones, hágalo. El impacto será tremendo.

DÉ EL SEGUNDO PASO TAMBIÉN

La oración es invitar a Dios a sus asuntos. Sin ella, usted está por su cuenta. La falta de oración lo llevará a funcionar como todas las demás personas en su vida y en su mundo que no conocen a Dios. Ellos pelean sus propias batallas. Confían totalmente en su propia prudencia, su propio conocimiento y sus propios recursos. Como nunca acuden a Dios por ayuda, se encuentran totalmente satisfechos en los límites de su humanidad. Usted no puede emularlos. Están equivocados.

La oración es un regalo que Dios le ha dado a la raza humana. Es simplemente hablar con Dios. ¡Dios pide que lo hagamos! ¡Nos inspira a hacerlo! ¡Y responde a ello! La oración le da acceso pleno a Dios, semejante al de los ángeles y arcángeles. El salmista dice: "Dichosos los que guardan sus estatutos y de todo corazón lo buscan" (Salmo 119:2, NVI). Jesús le dio la más alta prioridad a la oración. Le enseñó a sus discípulos que la oración mueve a Dios. En otras palabras, hay una causa y un efecto al orar. Este es el verdadero poder de la oración. En el sermón clásico de Alexander Whyte, "The Magnificence of Prayer" [La magnificencia de la oración], dice: "'¿Por qué ha establecido Dios la oración?' pregunta [el filósofo francés Blaise] Pascal. Su primera respuesta fue: 'Para comunicarle a sus criaturas la dignidad de la causalidad'".[8] La oración nos da una probada de lo que significa mover al Todopoderoso. Nuestra oración *causa* que Dios responda. Cuando uno está convencido de este hecho, está en camino de convertirse en un padre que ora.

Jack, padre de cuatro, puso su convicción a prueba cuando su hija de doce años, Julia, pidió una fiesta de cumpleaños que él no podía pagar. Pudo haber dicho simplemente: "No". Pero en lugar de ello dijo: "¿Por qué no oras y le pides a Dios el dinero que necesitas para esta fiesta?". Julia aceptó su oferta. A lo largo de las siguientes dos semanas varios cientos de dólares fluyeron a las arcas de la familia. Cada centavo era inesperado. Celebraron una fiesta fabulosa. ¡Las oraciones de Julia pagaron la cuenta!

Que un padre permanezca convencido de la habilidad y disposición de Dios para responder la oración hace que criar a su hijo para orar sea completamente más fácil. Pablo usó el mismo método cuando le escribió a la iglesia de Colosas. Les pidió que oraran por él. Convencido de que Dios demostraría su poder en respuesta a *sus* oraciones, Pablo dijo: "Dedíquense a la oración: perseveren en ella con agradecimiento y, al mismo tiempo, intercedan por nosotros a fin de que Dios nos abra las puertas para proclamar la palabra, el misterio de Cristo por el cual estoy preso" (Colosenses 4:2–3, NVI).

Pablo quería que disfrutaran la misma atención constante y disposición activa hacia la oración que él practicaba. Cuando uno está convencido del poder de la oración, se asegurará de practicar la perseverancia y el agradecimiento: dos principios guía para un estilo de vida de oración. En oración, Dios nos permite ver, oír y notar cosas que de otro modo serían ajenas a nuestra mente natural. Por eso es que un tiempo de oración regular es crucial. Entienda que: "Las oraciones son profecías. Son los mejores predictores de su futuro espiritual. En quién se vaya a convertir se encuentra determinado por cómo ore. Finalmente, la transcripción de sus oraciones se convierte en el guion de su vida", como escribió Mark Batterson.[9]

Asegúrese de que sus oraciones no estén llenas de peticiones por cosas y más cosas. Exprésele aprecio a Dios regularmente por las muchas oportunidades, bendiciones e incluso los desafíos que permite que vengan a su vida. Un corazón agradecido es un corazón convencido del poder de la oración y del poder de Dios.

En 1892 el estadounidense John Hyde, quien más tarde llegó a ser conocido como "Hyde el que ora", navegó a la India para servir como misionero. En el libro *Heroes of the Holy Life* [Héroes de la vida santa] descubrimos que en una aldea remota Hyde ganó a un par de hombres para el Señor, pero sus esposas se rehusaron a responder. Una mañana se despertó con un dolor de cabeza tan intenso que no podía levantarse de la cama. Como su costumbre era agradecerle a Dios por todo, le dio gracias a Dios por su dolor de cabeza. Su deseo por ganar almas para Jesús lo llevó a pedir ser llevado en su cama y colocado bajo la sombra de un árbol a un lado del camino. Cuando las mujeres de la aldea se enteraron de lo enfermo que estaba, una por una vinieron a un lado de su cama para expresarle condolencias, y él usó sus visitas como una oportunidad para testificar. Ese día llevó a muchos al Señor, y esa noche tuvo un servicio de bautismo donde varios fueron bautizados en agua.[10]

¿Qué pasaría si usted practicara el *agradecimiento*? Expresarle gracias a Dios regularmente le daría forma a su vida de oración y a las otras dimensiones de su vida en maneras inefables. Usted no solo se beneficiaría de tener una perspectiva más saludable y un hogar más feliz, también tendría una mejor disposición emocional. A sus hijos, a su cónyuge y posiblemente incluso a la mascota de la familia les gustaría pasar más tiempo con usted. La manera en que usted los tratara mejoraría porque su vida interior sería mejor.

Cuando Pablo invitó a los colosenses a orar por él, no era simplemente una afirmación de su convicción del valor y poder de la oración; era una oportunidad para que ellos desarrollaran esa misma perspectiva hacia la oración. Él era su padre espiritual, y él necesitaba instruirlos en este aspecto de su desarrollo espiritual.

La responsabilidad de un padre que ora

Nadie puede guiar el crecimiento espiritual de su hijo excepto usted. Hoy hay una industria lucrativa centrada en la subcontratación de los deberes parentales. Por ejemplo, un plan de entrenamiento de cinco días para que los infantes puedan dormir toda la noche cuesta alrededor de $350 dólares. Una agencia le cobra a los padres $1,250 dólares por hacer su casa a prueba de niños con pestillos, puertas y cerrojos especializados, así como análisis de plomo. Este servicio incluye entrenamiento en RCP y en asiento de niños para el coche. Los trabajos más difíciles cuestan más: hacer que su hijo deje de chuparse el pulgar en dos sesiones le costará una asombrosa cantidad de $4,300 dólares. Entrenarlo para que vaya al baño en dos semanas con un instructor presencial le costará solo unos $3,700 dólares. Enseñarle a su hijo a decir "por favor" y "gracias" y cómo comportarse en público, estrechar la mano, hablar por teléfono y tomar los cubiertos solo cuesta $85 dólares.

Esto puede sonar gracioso, pero el punto es que demasiados padres ocupados con dos carreras tratan de tomar atajos por medio de hacer un cheque para cubrir sus responsabilidades parentales. Estoy sorprendido de no haber encontrado el entrenamiento en oración incluido en ninguno de los paquetes de subcontratación. Posiblemente la razón por la que no lo encontré es porque muchos padres esperan que la Iglesia asuma la responsabilidad total del desarrollo espiritual de sus hijos. ¡Esa no es responsabilidad de la Iglesia! La Iglesia complementa, pero no reemplaza, el entrenamiento en casa. Acude al lado de los padres para reforzar sus esfuerzos, pero los padres deben tomar el liderazgo en el desarrollo espiritual de la vida de oración de su hijo.

Después de todo, su influencia sobre su hijo es mayor que la de cualquier iglesia, sin importar cuan excelente sea su entrenamiento. Su hijo está con usted la mayor parte del tiempo. Pero suelen estar en la iglesia solamente noventa minutos una vez por semana, y esa hora y media se está encogiendo, porque la asistencia a las iglesias se está reduciendo.[11]

Los niños son regalos preciosos que Dios nos ha confiado hasta que sean adultos. Es nuestra responsabilidad ayudarlos a desarrollarse en adultos maduros que tengan gran poder al doblar sus rodillas. Como pastor estoy brutalmente al tanto de que sus palabras como padre van a significar más para sus hijos que lo que las mías alguna vez puedan hacerlo. Especialmente en sus años de formación, ellos se aferran a sus palabras. Usted no puede sostenerse de una estructura eclesiástica que coloque la labor de la paternidad sobre los hombros de los líderes espirituales o de la iglesia organizada. ¡Son sus hijos! ¡La responsabilidad final es de usted!

En su libro *The Forgotten Ways* [Los caminos olvidados] Alan Hirsh escribe: "Tomemos por ejemplo a la [iglesia clandestina] china [...] cuando la mayoría de sus líderes y teólogos [han sido] ejecutados o aprisionados y todo acceso a fuentes externas es cortado, son forzados en alguna manera a través de las meras circunstancias a destapar algo verdaderamente potente y atrayente en el mensaje que llevan como el pueblo de Dios".[12] Lo que el Dr. Hirsh está señalando es que los cristianos chinos se vieron forzados a tomar la responsabilidad de su formación espiritual en lugar de colocarla sobre los hombros de la iglesia organizada. El clero ordenado no podía asumir la única responsabilidad de ser los "guardadores de los secretos espirituales de Dios". Toda la Iglesia tenía que saber cómo orar y cómo entrenarse entre sí en el arte de la oración. Como consecuencia la iglesia clandestina en China cuenta sus miembros por millones. Y es bastante fuerte en la oración y en otras disciplinas.

Imagínese que, como padre, usted es la iglesia clandestina. Mi papel como pastor es facultarlo a usted: el padre. Necesito su ayuda para ayudarlo. Si acepta que es el principal entrenador en oración de su hijo, veremos una multiplicación orgánica de padres que oran y que crían hijos que oran.

No me importa que facultarlo a usted lleve a una Iglesia descentralizada. Esto es lo que necesitamos si vamos a impactar al mundo para Jesucristo. Entre más padres facultados para orar haya, más hijos facultados para orar tendremos.

PROSIGA CON PERSEVERANCIA

Convertirse en un padre que ora tomará tiempo. Habrá multitud de inicios y paradas. Pero prosiga con perseverancia. Aun y si no es un ejemplo perfecto de un padre que ora, no puede permitir que su pasado sabotee su futuro. Nosotros los cristianos somos personas de nuevas oportunidades.

El exnoticiero principal del noticiario *CBS Evening News*, Dan Rather, quien boxeó en la escuela mediasuperior, dice que su mayor meta como entrenador era enseñarle a sus boxeadores que tenían que ser absolutamente, positivamente y sin duda alguna peleadores "que se levantaran".

> En el boxeo usted está solo; no hay lugar donde esconderse [...] Al final del encuentro solamente un boxeador tiene las manos alzadas. Eso es todo. No

tiene a nadie más que agradecer o culpar excepto a sí mismo.

Si se encuentra en el ring solo una vez en la vida—completamente solo—y es derribado, pero se vuelve a levantar, es una experiencia que nunca olvidará. Su sentido de logro es distinto y sin igual. Y algunas veces lo único que hace que usted se levante es alguien en su esquina gritándole.[13]

Los cristianos somos peleadores "que se levantan". La Escritura declara: "Porque siete veces podrá caer el justo, pero otras tantas se levantará" (Proverbios 24:16, NVI). El arrepentimiento es la manera de Dios de ayudarnos a levantarnos sobre nuestros pies. Habiendo visto su descuido de la oración, no se quede derribado en la lona disgustado consigo mismo. ¡Levántese! ¡Arrepiéntase y póngase en pie! ¡Conviértase en un padre que ora! Este es el llamado de Dios para su vida.

ACCIONES A TOMAR

Agradézcale a Dios por su gracia. Esta presencia de Dios que nos llena de poder—eso es lo que es la gracia—lo faculta para ser lo que Él lo ha llamado a ser y a hacer lo que Él lo ha llamado a hacer. A causa de la sublime gracia de Dios, declare:

- Yo puedo convertirme en un poderoso padre que ora.

- Puedo desarrollar los hábitos de un intercesor. Por medio de primero convertirme

en un padre que ora, podré ayudar a mi
hijo a convertirse en un niño que ora.

• Puedo arrepentirme de mis antiguos hábitos de oración.

Ahora, encuentre un espacio silencioso para ofrecer esta oración:

Dios misericordioso, gracias por tu perdón asombroso. Perdóname por no ser diligente en generar hábitos excelentes de oración. Quiero comenzar de nuevo. ¡Que hoy se convierta en el primer día de mi nuevo estilo de vida de oración! Ayúdame a pasar tiempo de calidad contigo diariamente. Te pido esto en el nombre de Jesús. Amén.

Capítulo 2

EL PODER DE UN
HIJO QUE ORA

———— ❂ ————

E L PADRE DE cierto muchacho siempre cerraba la
oración de agradecimiento por los alimentos con
estas palabras: "Ven, Señor Jesús, sé nuestro invitado y
bendice lo que has provisto".

Una noche el muchachito no pudo refrenar la pregunta que lo estaba carcomiendo con respecto a la extraña oración de su papá. Así que le preguntó: "Papá,
¿por qué cada noche le pides a Jesús que venga y que sea
nuestro invitado, pero nunca viene?".

Su padre, amorosamente le dijo: "Hijo, mío, lo único
que podemos hacer es esperar. El Señor no va a ignorar nuestra invitación. Un día vendrá y debemos estar
preparados".

El niño entonces hizo una pregunta de seguimiento:
"Si esperamos que venga y cene con nosotros, ¿por qué
no ponemos un lugar para Él en la mesa?". Al darse
cuenta de que su hijo tenía razón, el papá le permitió

al muchachito que pusiera un lugar en la mesa. Casi instantáneamente se escuchó que llamaban débilmente a la puerta. Cuando abrieron la puerta, para su sorpresa allí estaba un niño temblando de frío con apenas suficiente ropa como para cubrir su cuerpo. Rápidamente lo invitaron a pasar y de inmediato pusieron una frazada alrededor de él para calentar su cuerpo congelado.

De pronto todo le hizo sentido al hijo. Volteó con su papá y le dijo: "Creo que Jesús no pudo venir hoy, así que envió a este niño pobre en su lugar". Sin demora, le ofrecieron al pequeño visitante un lugar en la mesa de la cena.[1]

Me encantan los niños. Son muy inocentes y confiados. A lo que nosotros llamamos "fe" ellos lo consideran "normal". Por eso es que es tan bueno hablar con ellos acerca de la oración cuando son jóvenes y receptivos.

La inocencia del hijo en la historia de apertura es muy conmovedora. Su perspectiva nos da un atisbo de cómo los niños abordan la oración. Ellos pueden hablar con Dios acerca de cualquier cosa; incluso de las cosas que los adultos jamás nos atreveríamos a decir.

Un niño de cinco años dio gracias por los alimentos en una cena familiar una noche: "Querido Dios, gracias por estos panqueques". Cuando terminó, sus padres le preguntaron por qué le había dado gracias a Dios por panqueques si iban a comer pollo. Él sonrió y dijo: "Quería ver si Dios estaba prestando atención hoy".

Otras veces cuando los niños oran no es gracioso. Sino más bien serio. Su corazoncito está molesto por algo o su mente anhela algo especial. Este fue el caso con la niña de cuatro años, Michelle, según su madre compartió su historia en *Guideposts*.

Una noche mientras la madre de Michelle de cuatro años la estaba arropando para dormir, dejó libre el momento para que Michelle orara lo que estuviera en su corazón. Michelle en su estilo inocente e infantil simplemente le pidió a Dios: "Por favor, déjame ver una rana esta noche, en el nombre de Jesús. Amén".

La madre pensó que la oración de Michelle era linda, pero que no sería respondida. Pero como no se atrevió a decírselo, simplemente le dijo: "No he visto ranas este año; tendremos que esperar y ver". Sin titubear, Michelle respondió: "Dios puede hacer cualquier cosa. Igual que Papi".

Michelle permaneció impávida. Confiaba en su padre terrenal y en su Padre celestial. Su madre por otro lado, estaba batallando con permanecer en su otrora fe firme. Al salir de la habitación de Michelle oró: "Dios…¿la escuchas? ¿Me escuchas a mí?".

La madre fue al garaje a cambiar la carga de ropa que tenía en la lavadora. Cuando encendió la luz del garaje y comenzó a pasar la ropa mojada a la secadora, escuchó una pequeña conmoción cerca de la puerta del garaje. Su perro también escuchó el ruido y corrió hacia el sonido, ladrando en el camino.

El perro se quedó allí aullándole a lo que vio. Cuando ella se acercó, vio a una rana en la esquina del garaje y corrió al cuarto de Michelle para despertarla.

"Michelle, despierta, ve lo que tengo", le dijo. Michelle se le quedó mirando mientras se quitaba lo somnolienta de los ojos. Levantó la rana, la acarició y luego dijo: "Yo sabía que Él lo haría". Y eso fue todo. Sin fuertes gritos de emoción. Simplemente dio una respuesta objetiva a ver una rana, la respuesta a sus oraciones, y se volvió a dormir.

La madre de Michelle sabía que la respuesta a la oración de su hija también era la respuesta de Dios a su clamor por una fe renovada.[2]

La petición de Michelle le podría haber sonado extraña a su mamá, pero Dios, su amoroso Padre, quería responderle. Y lo hizo. ¿Cómo podría criar a sus hijos para que tengan ese mismo tipo de poder cuando oran?

Cuando era chico, había tres principios guía operando en la vida de Daniel. Como prisionero de guerra Daniel fue traído contra su voluntad a Babilonia. Este muchacho israelita, un extranjero en una nueva tierra, rápidamente se distinguió entre otros jóvenes que fueron introducidos a la Academia Real (Daniel 1:4–17). Una razón principal era que conocía el poder de la oración y continuó con ese estilo de vida a lo largo de su juventud y vida adulta. Sus hijos pueden hacer lo mismo. A partir de la vida de Daniel concluimos que:

- Los niños deben conocer el propósito de la oración.

- Los niños deben establecer un patrón de oración.

- Los niños deben desarrollar poder en oración.

LOS NIÑOS DEBEN CONOCER EL
PROPÓSITO DE LA ORACIÓN

Todos tienen un propósito. Usted no es un accidente. De manera similar *todo* tiene un propósito. Esto se extiende a actividades espirituales, incluyendo la oración. Conocer el propósito de algo le permite entregarse a ello sin inhibiciones.

La oración le permite hablar con Dios

Cuando usted ora, se conecta con Dios. Jesús fue ejemplo de esto a lo largo de su ministerio terrenal. Con frecuencia se alejaba de la multitud para estar a solas con Dios. De hecho, leemos: "Muy de madrugada, cuando todavía estaba oscuro, Jesús se levantó, salió de la casa y se fue a un lugar solitario, donde se puso a orar" (Marcos 1:35, NVI). La oración lo orienta hacia Dios. Lo fuerza a escudriñar sus motivos, deseos y actitudes. Aparte de pedirle ayuda a Dios, lo sagrado de la oración incrementa la probabilidad de que usted tome decisiones sanas.

El director de la iglesia de nuestros hijos le pidió a Emma de cinco años que orara. Ella le dijo: —No sé cómo.

—Solo habla con Dios como lo harías con una amiga o con una persona ordinaria —respondió.

Emma cerró sus ojos y oró: "¡Hola, Dios! ¿Cómo estás?... Muy bien, adiós, Dios". Su inocencia fue tierna. Pero capturó el significado de la oración: hablar con Dios.

La oración le da fuerza

La oración le permite conectarse con la fuerza de Dios. También le brinda un foro para pedirle algo. Jesús enseñó que deberíamos hacer lo siguiente: "Pidan, y se les dará; busquen, y encontrarán; llamen, y se les abrirá la puerta. Porque todo el que pide, recibe; el que busca, encuentra; y al que llama, se le abre" (Lucas 11:9–10, NVI). Este versículo brinda un entendimiento concentrado de la dimensión de la oración. Somos libres de pedirle a Dios su ayuda. Cuando se sienta débil, desanimado o abatido, la oración le dará fuerza.

¿Recuerda la famosa historia de Daniel en el foso de los leones? Daniel era un adulto en ese tiempo. Siendo extranjero había sido elevado a un puesto gubernamental prestigioso como uno de los tres administradores que supervisaban todo el país de Babilonia. La habilidad de liderazgo de Daniel era tan buena que el rey tenía la intención de promoverlo sobre sus otros dos colegas, y ninguno de ellos estaba feliz acerca de ello (Daniel 6:3–4). Por envidia, presionaron al rey Darío para que estableciera una ley irrevocable que castigara a los que la violaran echándolos al foso de los leones. Cualquiera que fuera sorprendido orando a otro que no fuera el rey en un periodo de treinta días sufriría esta tragedia (Daniel 6:6–7).

Daniel le pidió fuerza a Dios para tratar con esta ley opresiva (Daniel 6:11). Finalmente fue arrojado al foso de los leones, pero sobrevivió toda una noche. Los leones no lo dañaron. A través de esta y otras experiencias milagrosas Daniel conoció el propósito de la oración. La oración es hablarle a Dios acerca de cualquier cosa que usted esté enfrentando.

LOS NIÑOS DEBEN ESTABLECER
UN PATRÓN DE ORACIÓN

Los buenos hábitos provienen de un buen entrenamiento o de la adopción de buenos patrones. Los buenos patrones brindan enfoque y estrategia para lograr sus metas. El fenecido campeón boxeador Muhammad Ali dijo: "Yo odiaba cada minuto del entrenamiento, pero me dije: 'No te rindas. Sufre ahora y vive el resto de tu vida como un campeón'".[3] Para dominar el hábito de la oración, los niños necesitan desarrollar patrones.

Establezca un lugar de oración

En el momento en que Daniel se enteró del decreto del rey Darío, "se fue a su casa y subió a *su dormitorio*, cuyas ventanas se abrían en dirección a Jerusalén. Allí se arrodilló y se puso a orar y alabar a Dios, pues tenía por costumbre orar tres veces al día" (Daniel 6:10, NVI, énfasis añadido). Daniel tenía un lugar establecido donde oraba. Dios es omnipresente. Está en todos lados al mismo tiempo. Pero para ayudar a su hijo a desarrollar poder en la oración, usted debe fomentar este hábito.

Daniel desarrolló el hábito de orar en un lugar establecido. Este es un consejo útil porque los niños florecen en lo predecible. Al enseñar acerca de la oración, Jesús dijo: "Pero tú, cuando te pongas a orar, *entra en tu cuarto*, cierra la puerta y ora a tu Padre..." (Mateo 6:6, NVI, énfasis añadido). Esto sugiere que debemos tener un lugar establecido para orar. Es el mismo patrón que Daniel había establecido.

La oración de corazón se realiza mejor en un espacio privado con distracciones limitadas. Si usted no tiene ese lujo, tome una página del libro de jugadas de Susanna Wesley, quien se echaba un delantal sobre la cabeza y pasaba una hora diaria en oración. El delantal le brindaba cierta medida de privacidad de los movimientos de sus diecinueve hijos. Hay momentos en el que mi esposa y yo estamos sentados en nuestra sala de estar y Marlinda dice: "Voy arriba a orar". Yo hago lo mismo. Como ya tenemos el nido vacío contamos con un par de habitaciones adicionales que utilizamos como espacios privados de oración.

Su lugar regular de oración podría ser un baño, una cocina o incluso la esquina de una alcoba. Hace varios años yo estaba ministrando con una cantante cristiana popular. Me dijo que de chica ella compartía la habitación con su hermana. Esto no le daba toda la privacidad que ella deseaba, especialmente cuando se trataba de orar, así que le pidió a su padre si podía convertir una porción de su armario en un cuarto de oración. Tenían armarios gemelos en la alcoba. El papá, conmovido por el deseo de su hija pequeña de acercarse más al Señor, se puso a trabajar de inmediato en la remodelación de su armario. Usted no necesita mucho espacio. Solo necesita un espacio familiar.

Una persona anónima escribió:

Mis padres eran fervientes practicantes de la oración. De niña, yo estaba bastante impresionada por sus devociones diarias. Finalmente me convertí, de tal modo que pensé que cualquier cosa que no saliera bien podía ser remediada, o cualquier cosa que yo deseara podría ser obtenida si Mamá oraba por ella.

Al crecer, la naturaleza de mis problemas y preocupaciones cambiaron y, cada vez que yo pronunciaba duda o temor Mamá me decía: "Mejor oramos por esto". Nuestro lugar secreto era un viejo perchero cerca de la puerta principal de nuestra casa de campo. Esta antigüedad, recta y alta tenía cubiertas de vidrio, con grupos de ganchos en cada lado para abrigos, y un receptáculo cerca del costado derecho para sombrillas; también tenía un baúl a lo largo de la base, lo que lo convertía en un lugar conveniente y cómodo para descansar los codos al arrodillarse. Este era nuestro altar favorito. Para mí era un lugar de milagros.[4]

Establecer un lugar de oración es importante porque no va a distraer a sus hijos cuando vayan allí diariamente para conectarse con Dios. Sus hijos aprenderán a valorar su armario de oración tanto como valoran su habitación o su escritorio.

Establezca un tiempo de oración

Igual de importante a establecer un lugar para orar es establecer un horario específico para orar. Volvamos a la Escritura para entender un patrón de oración diferente, pero al mismo tiempo necesario.

Cuando Daniel se enteró de la publicación del decreto, se fue a su casa y subió a su dormitorio, cuyas ventanas se abrían en dirección a Jerusalén. *Allí se arrodilló y se puso a orar y alabar a Dios, pues tenía por costumbre orar* tres veces al día.
—DANIEL 6:10, NVI, ÉNFASIS AÑADIDO

Daniel creció como un hombre de oración no solo por tener un corazón que buscaba a Dios; desarrolló momentos regulares y constantes de oración. Piénselo. Si su hijo toma clases de música, no puede mejorar a menos que practique regularmente. Lo mismo es verdad si es que va a mejorar en "ballet", voleibol o cualquier otra actividad. La Universidad de Chicago analizó las carreras de pianistas concertistas, artistas y atletas para determinar cuál proceso llevaba al éxito. La investigación reveló que los músicos habían trabajado un promedio de 17.1 años desde el día en que comenzaron a tomar lecciones de piano hasta el momento en que ganaron una competencia importante.[5]

Los niños le deben dar el mismo nivel de disciplina a la oración. Su visión para que su hijo tenga poder sobre sus rodillas es fabulosa. No obstante, para lograrla se requiere que desarrolle hábitos y disciplinas personales que comienzan con la promesa de ser un mejor niño. Ayúdelo a ver que ha sido llamado a ser un asombroso discípulo de Jesús incluso mientras todavía es un niño. Semejante a Moisés, su hijo no es un *niño ordinario:* "En aquel mismo tiempo nació Moisés, y fue agradable a Dios; y fue criado tres meses en casa de su padre"

(Hechos 7:20). Ninguno de nuestros hijos lo es. Son hijos de Dios; niños del Rey.

Ayude a su hijo a establecer un tiempo diario de oración así como lo ayuda a saber cuándo cepillar sus dientes o practicar sus ejercicios de piano. Se los tiene que recordar hasta que se vuelva un hábito. Enséñeles a establecer un tiempo de oración y a guardarlo. En el capítulo 1 lo animé a comenzar un tiempo de oración que fuera hacedero: quince minutos al día hasta que pueda hacer más. Haga lo mismo con su hijo. Recuerde que el tiempo hacedero para un pequeño podrían ser cinco minutos. Comience con un minuto y luego crezca a cinco a lo largo del tiempo. El poder de la oración no es la duración de la oración. Es la sinceridad del corazón y la auténtica conexión que uno tiene con Dios. ¡Que ese sea su enfoque!

Establezca una agenda de oración

Su hijo va a querer saber: "¿Por qué debo orar?". Una vez más podemos obtener nuestra respuesta de la historia de Daniel en el foso de los leones. Quiero mantener esa escritura delante de usted para que pueda ver su valor. Voy a hacer énfasis en una parte distinta del pasaje esta vez:

> Cuando Daniel se enteró de la publicación del decreto, se fue a su casa y subió a su dormitorio, cuyas *ventanas se abrían en dirección a Jerusalén.* Allí se arrodilló y se puso a orar y alabar a Dios, pues tenía por costumbre orar tres veces al día.
> —DANIEL 6:10, NVI, ÉNFASIS AÑADIDO

Aparte del problema inmediato de ser echado en el foso de los leones, el texto nos da un atisbo de la agenda de oración regular de Daniel. Siendo un inmigrante judío que vivía lejos de su pueblo y de su patria, su corazón anhelaba a Jerusalén. Daniel enfocó su agenda de oración en el bienestar de su pueblo allá en casa. Mantuvo el tema de Jerusalén en su lista de oración. A sus hijos les puede enseñar a orar por el pueblo que está en su corazón: sus familiares, amigos de la escuela, vecinos y otros.

Daniel se posicionó físicamente hacia Jerusalén. No podía ver esta ciudad distante desde la ventana de su cuarto de oración, pero la dirección en la que oraba capturaba su perspectiva. Lo ayudaba a formar una imagen mental de la ciudad y de las promesas de Dios. Enséñeles a sus hijos que pueden recortar una imagen o algo que los ayude a visualizar una de las promesas no cumplidas de Dios para su vida o una necesidad de la familia. Una imagen de algo por lo que estén apasionados también los puede ayudar a encontrar las palabras correctas para utilizarlas en la oración.

Posiblemente pueda ayudarlos a desarrollar un tablero de oración; semejante a un tablero de visión. Esto puede ser tan simple como un tablero para carteles con recortes que representen los anhelos de su hijo por ver a Dios llevarlos a cabo. Esta actividad los acercará más a ambos y también ayudará a sus hijos a ver la oración como algo práctico. Sus oraciones también pueden ser básicamente agradecerle a Dios por sus bendiciones.

Probablemente en el tablero de oración pueda colocar una imagen de la abuela que necesita la sanidad de Dios.

Los niños deben desarrollar
poder en la oración

La palabra *poder* habla de fuerza, seguridad y confianza en la habilidad de Dios. El apóstol Juan dice: "Y esta es la confianza que tenemos en él, que si pedimos alguna cosa conforme a su voluntad, él nos oye. Y si sabemos que él nos oye en cualquiera cosa que pidamos, sabemos que tenemos las peticiones que le hayamos hecho" (1 Juan 5:14–15). Todos queremos tener confianza en que nuestras oraciones le importan a Dios. Sabiendo que Él nos oye y nos responde es el punto más importante de la cuestión. Los niños solamente van a orar cuando tengan esta seguridad. Sin ella el armario de oración permanecerá vacío. Hay cinco hábitos que regularmente practico para crecer en confianza hacia Dios. Los compartí con mis hijas. Y se los estoy pasando a usted con la esperanza de que se los pase a sus hijos.

Leo buenos libros sobre oración

Los libros de oración capturan relatos personales de otros seguidores de Cristo que buscaron desarrollar una vida de oración. Sus testimonios brindan ánimo, perspectivas sobre la naturaleza de Dios y la confirmación de que Dios es el mismo ayer, hoy y por los siglos. Estos son tres libros sobre oración que puede leerle a sus hijos:

- *I Can Pray!* [Puedo orar] por Suzette T. Caldwell (para niños de 3 a 7 años).

- *What Happens When I Talk to God? The Power of Prayer for Boys and Girls* [¿Qué sucede cuando hablo con Dios? El poder de la oración para niños y niñas] por Stormie Omartian (para niños de 3 a 7 años)

- *Peter's Perfect Prayer Place* [El lugar favorito para orar de Peter] por Stephen y Alex Kendrick (para niños de 4 a 8 años)

Cuando leí *El secreto espiritual de Hudson Taylor*, aprendí que—de joven en Inglaterra—este gran misionero a China llegó a darse cuenta de algo: "Cuando llegue a China [...] no voy a depender de nadie ni de nada. Mi única dependencia será de Dios. Cuán importante es aprender, antes de salir de Inglaterra, a mover al hombre, por medio de Dios, solamente a través de la oración. Mi amable empleador deseaba que yo le recordara cada vez que necesitara mi salario. Determiné no hacer esto directamente, sino pedirle a Dios que trajera este hecho a su memoria, y que así me alentara por medio de responder a mi oración".[6]

No habría aprendido esta pequeña verdad que desarrolla confianza si no fuera por las claves que se encuentran en ese libro.

Escucho buenos sermones sobre oración

La internet nos da acceso a una enorme mina de sermones. Usted puede escuchar a gigantes de la historia como Billy Graham, la Madre Teresa, el arzobispo Desmond Tutu y Martin Luther King, Jr., así como a académicos y pensadores líderes como el Dr. John R. W. Stott exponer sobre el poder de la oración.

Algunas organizaciones incluso han hecho que artistas dramaticen algunos de los sermones históricos predicados por el predicador del siglo diecinueve Charles Haddon Spurgeon. He crecido inmensamente a partir de escuchar sus sermones sobre la oración. Usted puede hacer lo mismo a través de sus sermones y de los de otros grandes predicadores. Esto lo preparará para heredarles verdades eternas a sus hijos. Si su hijo no tiene todavía el rango de atención para escuchar un sermón completo, considere dividirlo en incrementos de cinco minutos. Hable de cada segmento con él para que aprenda a través de la conversación.

Estudio la vida de grandes intercesores

Con el fin de impactar la vida de oración de su hijo, considere ver la película *Cuarto de guerra* juntos. Es para toda la familia y ayuda a los niños y a los adultos por igual a tener apetito por la oración. Jonathan de nueve años quedó tan conmovido después de ver *Cuarto de guerra* con sus padres que pasó toda su ropa a un lado de su armario y colocó una banca en la parte vacía. Así como lo mostraba la película, convirtió su armario en un cuarto de oración—un cuarto de guerra— donde podía tener un lugar fijo para buscar al Señor. Jonathan se sentaba en el banco mientras tenía comunión con Dios.

Como adulto usted puede obtener pepitas de oro al estudiar la vida de intercesores de la historia. ¿Ha escuchado acerca de Daniel Nash? Estoy seguro de que conoce el nombre de la persona a la que sirvió con incansable intercesión. Nash era el intercesor principal de Charles G. Finney, un famoso evangelista del siglo dieciocho que llevó a cientos de miles a una relación con Cristo. Lo fuerte de Finney era el avivamiento: abrir la vista espiritual de la gente perdida y despertar de nuevo la intimidad espiritual de los cristianos existentes. Finney le adjudica el crédito de mucho de su éxito al ministerio de oración del Padre Nash, como Finney lo llamaba de cariño. Dios usó a Finney para viajar a lo largo de la costa este de los Estados Unidos así como a Inglaterra algunas veces.

En un compromiso reciente que tuve para dar una conferencia en Rochester, Nueva York—un lugar donde surgió el avivamiento en los años de 1800 bajo el ministerio de Charles Finney—, mi amigo y pastor principal de The Father's House, Pierre DuPlessis, me mostró una imagen de la tumba de Nash. Además de marcar su nombre y los años que abarcó su vida, el epitafio decía: "Obrero con Finney. Poderoso en oración". Nash frecuentemente iba a un pueblo semanas antes que Finney y se hospedaba en una habitación. Luego pasaba semanas en ayuno y oración para que ocurriera un poderoso mover de Dios en esa ciudad. Cuando Finney llegaba a predicar, los resultados eran fenomenales. Las oraciones del Padre Nash pavimentaban el camino para la predicación.

Otro intercesor que he llegado a admirar es John Hyde, el misionero a la India que mencioné en el capítulo 1. El libro antes mencionado *Heroes of the Holy Life* [Héroes de la vida santa] describe cómo sus primeros años fueron difíciles porque batalló para aprender el idioma. La organización misionera votó para enviarlo de vuelta a los Estados Unidos. El pueblo indio protestó diciendo: "Si nunca habla el idioma de nuestros labios, habla el idioma de nuestro corazón".[7]

La vida de oración de Hyde generó en él un corazón tan grande hacia el pueblo indio que era inconfundible a pesar de que batalló para poder hablar su idioma. De este intercesor histórico aprendí cómo un estilo de vida de oración puede compensar sus carencias.

Paso buenos tiempos en oración

Es maravilloso leer libros excelentes sobre oración, escuchar buenos sermones sobre oración e incluso estudiar la vida de grandes intercesores, pero nada puede reemplazar su propio tiempo de rodillas dobladas. He pasado buenos tiempos en oración a medida que escribo este libro. He pasado tiempo orando por usted, aunque probablemente nunca nos conozcamos. He pasado buenos tiempos orando por sus hijos; los recipientes finales del consejo de este libro. Estoy convencido de que si Dios no abre su corazón y el de sus hijos al poder de la oración, este libro y todos los demás que puedan llegar a usted servirán de poco.

El celebrado predicador J. H. Jowett dijo: "Es en el campo de la oración que se pierden o se ganan las batallas cruciales de la vida. Debemos conquistar todas nuestras circunstancias allí. Debemos primero que nada traerlas todas allí. Debemos estudiarlas allí. Debemos dominarlas allí. En oración traemos a nuestros enemigos espirituales a la presencia de Dios y peleamos con ellos allí. ¿Lo ha intentado? ¿O se ha sentido satisfecho de encontrar a sus enemigos y pelear con ellos en los espacios abiertos del mundo?".[8] La práctica de la oración se aprende. Usted no puede evitar sus momentos personales en la presencia de Dios. Tampoco sus hijos. Ahí es donde el poder se establece.

Comparto mis grandes respuestas a la oración

Nuestro Dios no es solamente un Dios que escucha oraciones: Es un Dios que responde las oraciones. Me siento estimulado cuando Dios responde mis oraciones. No puedo evitar publicarlas entre mi familia y más allá. He orado porque los niños sean impactados en una manera única por medio de mi ministerio de escribir. Ver este libro ir a todos lados es una respuesta de oración. Escuchar acerca de su impacto sobre su hijo por medio de su entrenamiento en oración será otra gran respuesta a la oración.

Hace años solía tener un programa de radio llamado *IMPACT* [Impacto] *con el Dr. David Ireland*. Cuando se convirtió en una idea me encontré orando por un locutor. El programa no podía ser una realidad sin un locutor. Me imaginé a un hombre con una voz profunda resonante que simplemente atrae la atención. Una noche, mientras estaba orando en mi escritorio, llamaron a la puerta de mi oficina. Cuando la abrí, allí estaba Greg Thompson, un miembro de mi congregación a quien conocía vagamente. Tenía lágrimas corriendo por sus mejillas. Déjenme ayudarlos a visualizar lo que vi: frente a mí se encontraba un hombre afroamericano de constitución media de unos cuarenta años de edad, con una altura de seis pies [1,83 m], vestido meticulosamente con un rostro barbado bien parecido.

Sorprendido de verlo otro día que no fuera un domingo por la mañana y de pie delante de mi oficina llorando, rápidamente lo recibí. Sus lágrimas me dijeron que este no era momento para cortesías. Así que fui al grano. Le pregunté:

—¿Qué pasa? —Entre sollozos me pudo decir que no se lo podía sacudir.

—¿Sacudirte qué? —le pregunté.

—¿Puede usarme? ¿Puede usarme? —respondió Greg—. Yo solía programar música de radio en la universidad. Simplemente necesito usar mi talento.

Mientras estaba hablando, su voz profunda de barítono hizo que sus palabras llorosas sonaran como de Shakespeare. Sonaba casi como James Earl Jones (seguramente conoce al actor que hace la profunda voz de Darth Vader en inglés, los comerciales actuales de Verizon y también se le escucha decir: "This is CNN" [Esto es CNN]).

Yo sonreí. Era una respuesta a la oración. Una gran respuesta a la oración. Era una respuesta de oración para los dos. Cuando compartí con Greg que había estado orando por la necesidad de un locutor de radio, se rio.

Yo también me reí. Dios es asombroso. De nuevo llegué a esa conclusión. La oración contestada me llevó allí. Va a hacer lo mismo por usted y sus hijos.

Sea paciente con sus hijos a medida que los ayuda a aprender cómo blandir el poder de un niño que ora. Toma tiempo dominar la disciplina y la práctica de la oración. Usted lo sabe. Deles tiempo para descubrir lo mismo.

ACCIONES A TOMAR

Hay algunas cosas que usted puede hacer hoy para iniciar el proceso de entrenamiento de sus hijos en el arte de la oración. Estos son algunos consejos de entrenamiento y recordatorios:

1. La historia para niños de Daniel en el foso de los leones captura lecciones ricas sobre cómo enseñarles a los niños a orar.

2. El poder de un niño que ora es soltado cuando ellos conocen el propósito de la oración, establecen un patrón de oración y desarrollan poder en la oración.

Invierta un poco de tiempo para encontrar un buen espacio para que su hijo ore. Ofrézcale algunas opciones y juntos decidan lo que funcionaría mejor para él. Posiblemente ustedes puedan orar juntos por primera vez en ese espacio. Podría sugerir esta oración para comenzar su momento especial con Dios:

Querido Señor: Me encanta pasar momentos especiales contigo. Que siempre venga aquí a buscar tu rostro y escuchar tu corazón cuando esté afligido y confundido. Que siempre encuentre paz y fuerza en tu presencia. Te lo pido en el poderoso nombre de Jesús. Amén.

Ahora es su turno. Ore.

Capítulo 3

JESÚS: LOS
PRIMEROS DOCE AÑOS

———— ❂ ————

E L SONIDO DE su pequeña voz se escuchó orando
a través del monitor de video. Después de acu-
rrucar a su hija de dos años para dormir, a Caleb y
Kathryn Whitt se les olvidó orar con ella. No obstante,
a Sutton no se le olvidó. Estuvo acostada en su cuna durante una hora, dándole gracias a Dios por cada persona
en su vida. Repasó toda la lista, personalizando sus oraciones. En ocasiones, Sutton repitió los nombres de su
lista de oración mental. Cuando terminó de orar: "Gracias, Dios por Mami", "gracias, Dios por Papi", y otras
valiosas peticiones, la infante que estaba orando dijo:
"Amén", y luego se quedó dormida. Los orgullosos padres publicaron el video en su página de Facebook y
en el momento en que estoy escribiendo esto había recibido 168,000 visitas. Incluso *Good Morning America*
presentó un reportaje sobre esta bebé que ora.[1] Si la

pequeña Sutton de dos años ora, su hijo también puede hacerlo.

El corazón de Dios por los niños no tiene discusión. Me encanta la manera en que la versión The Message en inglés delinea los sentimientos de Dios por los niños en Salmo 127:3–4. Salomón escribe:

> ¿No ves que los niños son el mejor regalo de Dios?
> ¿Que el fruto del vientre es su generoso legado?
> Como la aljaba de un guerrero llena de saetas son
> los hijos de una juventud vigorosa.

La canción capturó el corazón de Israel y fue incluida en el cancionero eterno de Dios: la Biblia. El mensaje es intemporal. Los niños son el mejor regalo de Dios. La verdad es indiscutible. Para demostrar nuestra gratitud a Dios, debemos enseñarle a nuestros hijos cómo tener una relación genuina con Él. Las relaciones saludables se desarrollan con comunicación. Oración simplemente significa comunicarse con Dios. De hecho, la oración es la piedra angular de una saludable relación con Dios.

A lo largo de la Biblia tenemos ejemplos de niños con una fuerte relación con Dios, desde Samuel, Uzías y Josías en el Antiguo Testamento a Juan el Bautista y Jesús en el Nuevo Testamento. Ninguno de estos jóvenes intercesores oraron simplemente para agradar a sus padres. Podría haber comenzado como un acto de obediencia, pero no podía continuar de esa manera. Los intercesores no son obligados a orar. La intercesión es un acto de amor. Al orar, usted está hablando el idioma del amor de Dios. Los intercesores, jóvenes y viejos por igual, oran porque sus corazones están cautivados por la realidad de un Dios amoroso. Como lo describe la Biblia, los padres desempeñan un papel crucial en los años formativos de los jóvenes intercesores. Exploremos la vida de oración de Jesús cuando era niño.

JESÚS: SUS PRIMEROS AÑOS

Antes de que hubiera una cruz, hubo una cuna. Jesús no se saltó pasos camino a la cruz. Tuvo que avanzar a través de todas las etapas ordinarias, al mismo tiempo necesarias, del desarrollo humano. Los eruditos utilizan el término *verdadero Dios* y *verdadero hombre* para describir la naturaleza única de Jesús. Él era totalmente Dios y al mismo tiempo totalmente hombre. Su humanidad no le resta a su divinidad. Su divinidad no suprime o niega su humanidad. De hecho, ser humano facultó a Jesús para tener compasión por nuestras debilidades como nuestro Sumo Sacerdote: "Porque no tenemos un sumo sacerdote que no pueda compadecerse de nuestras debilidades, sino uno que fue tentado en todo según nuestra semejanza, pero sin pecado" (Hebreos 4:15). Con precisión y compasión Jesús trae nuestro sufrimiento delante del trono de la gracia de Dios.

La vida de oración de Jesús tuvo un punto de inicio, así como la suya, la mía y la de nuestros hijos. Jesús fue un bebé, un preadolescente, un adolescente y un joven adulto antes de dejar su huella en el mundo como adulto. La Biblia nos da pedacitos y trocitos de su vida antes de ser adulto. Tenemos lo suficiente para formar esta conclusión: Dios no se espera hasta que uno sea adulto para responder nuestras oraciones.

Jesús, el niño que ora

A la edad de doce años, Jesús entendió la importancia y el valor de la oración. Participaba en la oración—los negocios de su Padre—y en otros asuntos espirituales. Jesús les aclaró muy bien el punto a sus padres terrenales. Sin que María y José lo supieran, en su viaje de regreso a casa de la Fiesta de la Pascua anual, Jesús se quedó. Como todos los padres, cuando se dieron cuenta de que no iba en la caravana con ninguna de las demás familias, regresaron a Jerusalén a buscar a su muchachito. Cuando lo encontraron, Jesús les dijo respetuosamente: "¿Por qué me buscaban? ¿No sabían que tengo que estar en la casa de mi Padre?", (Lucas 2:49, NVI).

¿Qué quería decir Jesús con esto? ¿Qué estaba haciendo este muchacho de doce años? La respuesta se encuentra cuando entendemos lo que ocurre en el templo. Años más tarde, ya siendo adulto, Jesús dijo: "Mi casa será llamada *casa de oración* para todas las naciones" (Marcos 11:17, énfasis añadido). Jesús utilizó los términos "mi casa" y "la casa de mi Padre" (Juan 2:16) indistintamente. Ambos términos se refieren al templo como un lugar de oración, entre otras actividades religiosas. Sin interpretar más allá de lo que está escrito, podemos fácilmente ver que Jesús oraba de niño.

Si el Padre valoró, respetó y respondió las oraciones de Jesús de chico, Dios también valora las oraciones de sus hijos.

La influencia de María y José

Como padres, María y José generaron cierto ambiente en su hogar, cultura familiar y expectación acerca de Jesús. Aun y si su influencia sobre Él fue limitada, deficiente o parcial, todavía tenían una parte en su desarrollo espiritual. José era carpintero (Mateo 13:55). Jesús fue carpintero (Marcos 6:3). Los muchachos judíos en esa época, entraban en la misma línea de negocio que su padre. Convertirse en carpintero no fue un accidente. Sabemos que la influencia paterna estaba en operación en la vida de Jesús. No se detenía en su selección vocacional. Se extendía a su vida como un todo.

Las prácticas religiosas de María y José no tienen cuestionamiento. Cuando Jesús tenía ocho días de nacido, al igual que los demás padres judíos, lo llevaron a ponerle nombre y circuncidarlo (Lucas 2:21). En el momento indicado viajaron a Jerusalén para consagrarlo a Dios, en conformidad con la Ley de Moisés (Lucas 2:22). Cada año, José y María, fielmente iban a Jerusalén a celebrar la Fiesta de la Pascua (Lucas 2:41). Fue durante una de esas visitas anuales que Jesús, a los doce años, se quedó en la ciudad para orar y atender la "casa" de su Padre.

La Biblia no entra en detalles de todas las cosas que Jesús aprendió de la devoción de sus padres. Sin embargo, incluso en su conocimiento limitado, su estilo de vida imperfecto y sus deficiencias para criar al Salvador, tuvieron una parte crucial. El papel de usted en el desarrollo espiritual de su hijo es invaluable. No puede hacerse a un lado y tratar de devolvérselo a Dios. No puede afirmar que sus insuficiencias lo descalifican. E incluso si lo hicieran, no puede abdicar de su papel como influencia. Ni siquiera puede decir: *"Mis* padres no me enseñaron a orar. Por lo tanto, carezco de las herramientas para enseñar a mi hijo". Ninguna de estas excusas puede mantenerse en pie a pesar de que sean ciertas.

Eduque aun y cuando no entienda

Imagínese qué habrían respondido María y José si les hubieran preguntado: "¿Cómo se cría a un Salvador? ¿Qué se le dice al Hijo de Dios cuando está afligido por el sendero de su vida, su propósito o su dirección?". Suponiendo que fueran brutalmente sinceros con usted, probablemente escucharía mucho silencio de su parte. Lo cual sería entendible. Sé que yo no podría educar eficazmente al Salvador del mundo. Tuve problemas para educar a mis dos pequeñitas, quienes eran igualmente imperfectas y tenían los mismos defectos que su madre y yo. ¿Qué podemos aprender de María y de José? Una lección en la que creo es esta: sabían cuando callar y simplemente guardar cosas en su corazón.

Después del pequeño contratiempo alrededor de la tardanza de Jesús en el templo cuando tenía doce años y su respuesta razonada a sus padres, la Escritura dice:

> Y descendió [Jesús] con ellos [María y José], y volvió a Nazaret, y estaba sujeto a ellos. Y su madre guardaba todas estas cosas en su corazón. Y Jesús crecía en sabiduría y en estatura, y en gracia para con Dios y los hombres.
> —Lucas 2:51–52

María no entendía cómo educar bien a Jesús, pero sabía lo suficiente como para simplemente guardar cosas en su corazón. En otras palabras, ella depositaba cosas en el tesoro de su alma. Usted debe hacer lo mismo a pesar de que su hijo no sea Dios encarnado. Hay aspectos de su hijo, así como fue el caso con mis hijas, en los que usted tendrá un conocimiento limitado. No sabrá que hacer o qué decir en cada instancia. Durante esos momentos su silencio probará ser una técnica parental excelente. Su silencio, de hecho, le da espacio a su hijo para descubrir su camino y su personalidad única. Esta es una parte significativa del desarrollo humano y una parte importante de la paternidad.

Muchas personas están familiarizadas con la expresión *padre helicóptero*. Que describe un estilo de paternidad que flota sobre el hijo. El muchacho no tiene independencia o libertad sin que un ojo paternal obsesivo lo vigile y lo gratifique. Este estilo de paternidad va a producir que su hijo se convierta en un niño que hace cosas a espaldas de sus padres, que trate de agradar a los padres o que sea un adulto disfuncional que no sea capaz de operar con la mínima madurez psicológica o emocional. La formación espiritual de Jesús incluía el necesario desapego parental cuando sus acciones hacían que María y José simplemente guardaran cosas en su corazón. Perplejos por sus palabras o sus acciones, su silencio le daba la libertad necesaria para crecer en favor con Dios y los hombres. Lo aliento a que tome esta jugada de su libro de jugadas para darle forma al ambiente de su hogar.

Su hogar es la principal influencia en la vida de su hijo. La Iglesia tiene a un niño 1% de su tiempo y la escuela 16%, pero el hogar 83%. Esta realidad no elimina ni reduce la necesidad de que las iglesias o las escuelas cristianas sirvan como centros de entrenamiento espiritual positivos para su hijo, pero establece el hecho de que su hogar domina el mundo de su hijo y usted tiene la oportunidad de aprovechar ese beneficio al máximo. ¡Usted debe tomar su papel seriamente! Y si este libro ha llegado a sus manos después de haber criado a sus hijos o haber cometido toneladas de errores en su desarrollo espiritual, usted todavía puede orar por que la bondad de Dios intervenga y reajuste la trayectoria de su vida.

En un compromiso reciente que tuve para dar una conferencia en la ciudad de Benín, Nigeria, escuché la historia más conmovedora de uno de los oradores nigerianos. Llamémosla Nancy para mantener su anonimato. Nancy derramó su corazón delante de nosotros al describir su viaje de fe. Su padre era un médico brujo. A medida que Nancy crecía, su padre nunca le comunicó amor a ella o a sus hermanos. Era un polígamo con más de veinte hijos de varias mujeres, y su estado civil y los hábitos de poligamia agravaban su influencia negativa sobre ellos.

Irónicamente, aunque su padre era médico brujo era generoso con la iglesia católica local. Donaba sus servicios como contratista para construir o reparar porciones del edificio de la iglesia. Incluso asistía a sus servicios periódicamente. Sé que suena un poco descabellado estar inmerso en la brujería al mismo tiempo de frecuentar la iglesia. Satanás es tan engañoso que puede torcer la mente de las personas y curvear su pensamiento a un estado tan confundido que no pueden saber cómo distinguir lo correcto de lo equivocado, lo negro de lo blanco, o lo que está arriba de lo que está debajo. Esto fue lo que le sucedió al papá de Nancy a lo largo de su niñez. Ella odiaba eso y a él.

En la providencia de Dios, Nancy nació de nuevo. Se inscribió a un seminario bíblico en los Estados Unidos y regresó a Nigeria después de su graduación. Nancy fue ordenada ministro a pesar de todavía estar luchando con el odio contra su padre, pero Dios finalmente hizo que su fea actitud se terminara. El Señor desafió a Nancy a tener compasión de su padre mal encaminado. No fue fácil, pero lo hizo. Le pidió a Dios que la perdonara verdaderamente. La evidencia de su arrepentimiento salió a la superficie cuando se le pidió que diera unas palabras recordando a un amigo de la familia. Nancy no sabía que el amigo de la familia también era un médico brujo.

Su papá estaba presente en el memorial, así como sus amigos, quienes también eran médicos brujos. Ella no sabía nada acerca de la participación de ellos en lo oculto; solamente de la de su padre. Durante el memorial, por casualidad, Nancy mencionó un recuerdo de la generosidad de su padre hacia la iglesia. Sus pocas palabras de amor atravesaron su corazón oscurecido. Poco podía haberse imaginado que al cerrar el sermón y hacer la invitación para que la gente tomara la decisión de servir a Cristo, su papá estaría entre el grupo que dijo que sí.

La historia de Nancy me recuerda que nadie está más allá de la gracia de Dios. Incluso si sus padres no fueron ejemplo de hábitos espirituales modelo como los padres de Jesús, todavía hay esperanza. Y si sus padres vivían en la parte más oscura del infierno, como el padre de Nancy, la misericordia de Dios todavía es lo suficientemente potente para rescatarlo. Y con Nancy, la increíble benignidad de Dios resultó no solamente en su conversión sino en la de su papá. Ahora él es una influencia positiva para sus nietos. El noble lugar en el que ahora se encuentra es a causa de la generosidad de Nancy. Ella lo perdonó. Y él aprendió a perdonarse a sí mismo. Usted debe hacer lo mismo, sea que usted necesite perdón o perdonar.

DÉ EL PRIMER PASO

¿Lo ve? El primer paso para convertirse en una influencia positiva en la vida y desarrollo espiritual de su hijo es admitir su imperfección como padre. Mi esposa, Marlinda, y yo nos sentamos a la mesa de la cena frente a esta joven pareja en nuestra iglesia. Ellos son padres de dos hijos chicos, ambos menores de diez años. A pocos minutos de haber comenzado nuestra conversación Michele empezó a llorar. Fue una de esas veces en las que se llora en silencio. Las lágrimas surcaban sus mejillas, pero no había ruido. Esperamos pacientemente, en silencio, para que nos dijera por qué estaba llorando. Unos momentos después, Michele tartamudeó: "Me siento como una muy mala madre". El marido trató de consolarla frotando su espalda en silencio. Yo entendí sus acciones al igual que

Marlinda. Siendo padres experimentados—por lo menos así les parecíamos a ellos, por haber ya criado a nuestras hijas—las siguientes palabras que salieran de nuestras bocas significarían todo para ellos.

Yo hablé primero. Consolé a Michele diciéndole que el hecho de que ella estuviera tan quebrantada por no ser la mamá que ella se imaginaba, probablemente probaba lo contrario: ¡era una buena madre! "Eres una mamá excelente, preciosa. Nuestros hijos lo saben y yo también", intervino su esposo de inmediato. Mientras Michele continuaba enjugándose las lágrimas, Marlinda dijo: "Sé cómo te sientes. Yo solía batallar con esos mismos sentimientos cuando nuestras hijas eran pequeñas. Nunca piensas que estás haciendo lo suficiente. Siempre crees que te estás quedando corta del estándar. Creo que las madres establecemos una meta inalcanzable que nos mantiene en un círculo vicioso de automenosprecio y depresión". La cabeza de Michele se movía arriba y abajo, afirmando que así es como se había estado sintiendo.

Mi esposa y yo invertimos un poco de tiempo más reafirmándolos y recordándoles que la paternidad es un maratón, y no una carrera corta de velocidad. Pero la paternidad eficaz comienza cuando uno se da cuenta de que sus hijos no están buscando padres perfectos. Están buscando padres amorosos.

La formación espiritual de sus hijos comienza con que usted los ame. Usted no puede ganar la nota máxima en cada aspecto de la vida ni en cada etapa del proceso parental todo el tiempo. Pero usted puede amar a sus hijos a lo largo de cada etapa de su desarrollo, incluso durante algunos de sus momentos más desagradables. No obstante, antes de que usted pueda amar eficazmente a sus hijos, tiene que amarse a sí mismo. ¡Este también es el punto de partida! Si usted piensa lo peor de usted mismo, ¿cómo puede enseñarle o demostrarle a sus hijos que Dios tiene buenas cosas preparadas para ellos? La oración comienza con la premisa de: Dios me ama y quiere lo mejor para mí. La oración se convertirá en una tarea difícil si se remueve el cimiento del amor de nuestra mente. Por eso es que usted tiene que aprender a amarse a sí mismo. Nuestra paternidad surge de este amor a nosotros mismos. El padre eficaz le enseña a su hijos a amarse a sí mismos y a actuar en consecuencia. La mayor parte de esto no es verbal, se es ejemplo de ello.

Jesús fue amado por sus padres

El hogar de Jesús fue un ambiente de crecimiento. María y José lo amaban y también se amaban entre sí. José tomó a María como su esposa sabiendo que estaba embarazada; aunque por el Espíritu Santo (Mateo 1:20). Para que él se casara con María se requirió mucha valentía y amor. Nos dice mucho acerca de su carácter. José incluso mudó a su joven familia al extranjero para protegerlos de la sentencia de muerte de Herodes extendida contra los niños judíos nacidos durante el tiempo del nacimiento de Jesús (Mateo 2:13). Esto demostró su amor genuino por Jesús y la preservación de su futuro: el llamado de Dios sobre su vida.

No deberíamos dejar de lado estos actos de amor porque desempeñaron un papel invaluable en la formación espiritual de nuestro Señor. El papel de los padres en la formación espiritual de sus hijos es generar un ambiente en el hogar que haga que sea fácil para el niño ubicar y permanecer en el sendero de lo divino. María y José lo hicieron, y con la ayuda de Dios usted también puede hacerlo.

Dios quiere usarlo

En *En pos de lo supremo*, J. Oswald Chambers escribe: "El fundamento del cristianismo es el arrepentimiento. Hablando estrictamente, un hombre no se puede arrepentir cuando quiera; el arrepentimiento es un regalo de Dios. Los antiguos puritanos solían orar por 'el regalo de las lágrimas'. Si alguna vez usted deja de conocer la virtud del arrepentimiento, está en tinieblas. Examínese y vea si ha olvidado cómo lamentarse".[2] Dios usa a las personas que han ajustado su comportamiento y su perspectiva a través del arrepentimiento.

Una vez que usted se da cuenta de que se ha quedado corto de la meta de construir una vida hogareña que conduce a una sólida formación espiritual, no se recrimine. Simplemente arrepiéntase. ¡De media vuelta! Vuelva a enfocarse en la meta original y persígala. El arrepentimiento es una clave para abrir su propia prisión de vergüenza, culpa y autocondenación. El arrepentimiento cambia el juego; es un momento de definición.

El arrepentimiento solamente sucede cuando usted renueva sus convicciones. La convicción es ver desde dentro. ¡No es borrosa o ambigua! Sus prioridades se han vuelto diáfanas como el cristal. Ahora está dispuesto a luchar por el estado espiritual deseado de su familia. ¡La convicción es el combustible del espíritu guerrero! Cuando hay convicción, usted no necesita esperar a que los demás estén de acuerdo con su sentido de la oportunidad, su necesidad o estado desesperado; simplemente actúa sobre lo que lo atribula profundamente. El estado espiritual de su familia pesa grandemente en su corazón y usted ha decidido hacer algo al respecto. El mejor movimiento que usted podría hacer en este punto es reiniciar su vida espiritual.

Juan Crisóstomo, uno de los padres de los inicios de la Iglesia, dijo: "El arrepentimiento es una medicina que destruye el pecado, es un regalo otorgado del cielo, una virtud admirable, una gracia que excede el poder de las leyes".[3] El valor y el poder del arrepentimiento ayudó a una joven madre a liberarse de la prisión de su trasfondo familiar disfuncional. Mientras estaba sentado en un servicio hace muchos años, recuerdo a una dama dando su testimonio personal: "No fue sino hasta que me di cuenta de que no caminamos de espaldas, que dejé de vivir en el pasado y comencé a realizar cambios positivos e inspiradores avanzando hacia mi futuro". Esto es lo que le estoy pidiendo que haga si su pasado lo está persiguiendo. Haga que hoy sea el primer día del resto de su vida como padre. Perdónese. Arrepiéntase y libérese hacia el futuro brillante de Dios para usted y sus hijos.

La importancia de tener una actitud apropiada se volvió brutalmente grande cuando una señora desafió a un grupo de jóvenes a arrepentirse de su perspectiva poco santa en un viaje de misiones. El equipo de misiones estaba en Kentucky trabajando en casa de una señora de escasos recursos. Comenzaron con el jardín.

Había coches viejos, sofás derruidos, bicicletas oxidadas y basura esparcidos por todo su jardín frontal. En el pórtico había pilas de otras cosas inservibles e irreparables. El grupo de jóvenes estaba odiando cada minuto de ello. La vista los había vuelto cínicos. Comenzaron a hacerse comentarios sarcásticos entre sí; discutían, se molestaban y se la pasaban haciéndose bromas pesadas unos a otros. Su comportamiento era horrible.

Después de un día o dos de esto, la señora de la casa finalmente salió con lágrimas corriendo por sus mejillas. Les pidió que se sentaran en el césped, en el único lugar que estaba más o menos limpio. Y entonces les llamó la atención fuertemente: "¿Qué no saben que he estado orando [...] por que alguien [...] me ayude? [...] ¿No saben que ustedes son la respuesta a mis oraciones? ¿Por qué no se tratan entre ustedes como la respuesta que son a la oración?".

Más lágrimas corrieron por su rostro mientras les hablaba.

Su actitud cambió en ese momento. Cambiaron cómo se veían entre sí. Se veían a sí mismos como una respuesta a la oración.[4]

Como testificó uno de los jóvenes del relato, el arrepentimiento es en realidad lo que cambia el juego.

Renueva nuestros valores, nuestra perspectiva y nuestro comportamiento. Crisóstomo tiene razón: El arrepentimiento es un regalo otorgado por el cielo.

ACCIONES A TOMAR

A medida que les enseñe a orar a sus hijos, perdónese a usted mismo de cualquier práctica poco sana que lo mantenga viviendo en el pasado. Reconozca los siguientes consejos para ayudarlo a tomar los pasos hacia la libertad.

- Es la voluntad de Dios que mi familia florezca espiritualmente.

- El arrepentimiento es lamentar mis pecados y decidir dejar de cometerlos.

Haga esta oración:

Señor, por favor, perdóname por no ser el padre que me has llamado a ser. Ayúdame a comenzar de nuevo. Dame la sabiduría para entender a mis hijos, a saber cuando callar y a generar un ambiente en mi hogar en el que puedan crecer espiritualmente. Te pido esto en el nombre de Jesús. Amén.

Capítulo 4

EL PEQUEÑO JUAN
(ALIAS: JUAN EL BAUTISTA)

——————— ❖ ———————

E N MIS TREINTA años como pastor, he visto a miles de niños venir al Señor. Muchos de ellos nacieron de parejas casadas que anhelaban su nacimiento. Otros fueron adoptados mediante programas de adopción temporal o agencias privadas. Y algunos fueron el resultado de embarazos no planeados o no deseados.

Sin importar cómo han llegado aquí, los niños tienen algo en común: la necesidad de un hogar amoroso. Incluso si usted asistió a la mejor iglesia con las personas más santas de la ciudad, su hijo languidecerá espiritualmente sin un hogar que lo nutra. Lo he visto demasiadas veces: ninguna de las lecciones que la Iglesia enseña acerca de la oración va a permanecer si no se construye el cimiento que ancla esta disciplina sagrada.

Esa verdad es enfatizada por la historia siguiente:

El típico paseo después de cenar de James y su esposa, Penny, fue agradablemente interrumpido una tarde cuando conocieron a un niño de diez años llamado Billy quien vino corriendo por el camino y estuvo a punto de chocar con ellos gritando:

—Papá, ¿dónde está Amy? —Había confundido a James con su papá y dijo—: Disculpe, Señor. Pensé que era mi papá.

—Está bien, hijo; ¡todos cometemos errores! —respondió James.

Al comenzar a alejarse, James y Penny notaron que cojeaba, además de que tenía las características de un niño con síndrome de Down. Unos segundos después el niño regresó corriendo y anunció.

—Me llamo Billy, ¿puedo abrazarlos? Han sido muy amables conmigo.

Billy los abrazó fuertemente y compartió:

—Son mis nuevos amigos. Quiero que sepan que voy a estar orando por ustedes. —En cuanto los soltó dijo—: Me tengo que ir. ¡Que Dios los bendiga!

Les vinieron las lágrimas a James y a Penny mientras veían a Billy, cojear al patio de juegos para jugar con su hermanita. Después de que Billy se echó por el tobogán, su madre se le acercó y le dio un gran abrazo. Era obvio que él era un hijo especial para ella.[1]

Algunas veces Dios usa a los Billy del mundo para reducir nuestra vida a un denominador común. Un niño que vive en un hogar amoroso va a florecer sin importar sus limitaciones naturales. Usted no necesita un niño perfecto y ni siquiera un hogar perfecto. Eso no existe; por lo menos no en esta vida. ¡Lo que sí necesita es un hogar amoroso!

Considere a Juan el Bautista, fue el precursor de Jesús y un buen ejemplo de lo que es un intercesor. No obstante, su vida de oración no comenzó en la edad adulta. Comenzó cuando era niño. Su familia no era perfecta, pero eran saludables emocionalmente. Es alentador saber que los niños pueden tener vidas espirituales sustanciosas incluso a una tierna edad. Igualmente alentador es el hecho de que personas imperfectas viviendo en hogares imperfectos puedan entrenar niños en el arte de la oración.

ENTRENAR EN MEDIO DE PROBLEMAS

Juan era el hijo único de Zacarías, un sacerdote, y su esposa, Elisabet. Durante casi toda su vida matrimonial Elisabet fue estéril. Juan llegó mucho después de que sus padres habían perdido la esperanza de alguna vez tener un hijo. Un día, cuando Zacarías estaba en el trabajo, el ángel Gabriel lo visitó y le dijo que Dios iba a darles a él y a Elisabet un hijo; una respuesta a una oración con décadas de antigüedad. El nacimiento de Juan fue un regalo para su mamá y su papá. Él fue su "bebé milagro". Era su "hijo de amor". Era su "pequeño paquete de alegría envuelto como regalo por Dios mismo". Imagínese cuántas veces Juan probablemente escuchó la historia de la visita de Gabriel. La aparición de Gabriel no fue en un momento al azar. El ángel vino en el momento más importante de la carrera de Zacarías: justo cuando estaba a punto de ofrecer incienso en el altar de oro: "Conforme a la costumbre del sacerdocio, le tocó en suerte ofrecer el incienso, entrando en el santuario del Señor" (Lucas 1:9).

Un sacerdote solamente podía ofrecer el incienso en el altar de oro del lugar santo *una vez* en su vida porque había demasiados sacerdotes (unos dieciocho mil en el tiempo de Cristo).² Mientras Zacarías estaba sirviendo fielmente, a pesar de su sueño pospuesto de tener un hijo, Gabriel se le apareció y le anunció las noticias. Un hijo milagro que iba a ser concebido y nacido naturalmente de este pareja escogida. Dios se mostró en el momento menos esperado; sin embargo, era el momento correcto.

Si nos ponemos en el lugar de Elisabet podemos ver como la vida espiritual de Juan podría haber tomado forma. La esterilidad en el primer siglo era considerada una maldición y conllevaba un estigma social inmenso. No obstante, Elisabet no se había amargado, porque había guardado su corazón. Su nombre significa: "Dios de plenitud; Dios es abundante". Su esterilidad no la llevó a menospreciar su nombre o a volverse cínica contra Dios.

Elisabet mantuvo su problema en perspectiva. Razonaba que la vida y el matrimonio eran mayores que tener o no tener hijos. Se mantenía positiva y entusiasta acerca de las cosas que Él le *había* dado. Conocía la fidelidad, el amor y la misericordia de Dios. Cuando Elisabet finalmente quedó encinta, dijo: "Esto [...] es obra del Señor, que ahora ha mostrado su bondad al quitarme la vergüenza que yo tenía ante los demás" (Lucas 1:25, NVI).

Hay un santuario en los Pirineos Franceses que atrae a mucha gente que necesita sanidad. Van allí para orar por un milagro. Una noche en particular después del fin de la Segunda Guerra Mundial un hombre con una pierna cojeaba por la calle en dirección al santuario. Uno de los curiosos se burló de él y dijo: "¿Piensa que Dios le va a devolver su pierna?". El viajero alcanzó a escucharlo y respondió que él no esperaba que Dios le devolviera la pierna. Dijo: "¡Voy a orar para que Dios me ayude a vivir sin ella!".[3]

"¿Qué debemos hacer entonces con respecto a nuestros problemas? Debemos aprender a vivir con ellos hasta el momento en que Dios nos libra de ellos—escribe el predicador del siglo XX, A. W. Tozer—. Debemos orar por gracia para soportarlos sin murmurar. Los problemas que son soportados pacientemente obrarán para nuestro perfeccionamiento espiritual. Solamente nos dañan cuando nos resistimos a ellos o los soportamos de mala gana".[4] Tanto Zacarías como Elisabet sabían esto. Su práctica le dio forma al hogar en el que Juan nació, creció y aprendió los caminos de Dios. No siempre es fácil, pero debemos esforzarnos por hacer lo mismo.

SER PADRES DE UN CAMPEÓN ESPIRITUAL

Algunos niños, al parecer emergen del vientre como campeones, listos para la acción. Así es como los vemos. Y lo que compone esa mística, que los coloca en un alto pedestal, es que son personajes bíblicos. Cuando Dios decide hacer eso, me lleva a hacer una conexión con nuestro sistema judicial actual. Algunas veces el juez decide sellar el historial de un menor. El historial sellado genera más misterio e intriga. Tal es el caso con Juan el Bautista.

En una manera semejante a Jesús, la narrativa bíblica muestra a Juan teniendo un nacimiento mayor que la vida. Luego salta a su vida adulta, cuando vemos multitudes de personas viniendo a él para ser bautizados en agua por sus pecados. Y la pregunta obligada es: *¿Qué es lo que sabemos de su niñez? ¿Cómo fue que sus padres lo entrenaron en las cosas de Dios? ¿Cuáles eran sus hábitos de oración?* El historial está fuertemente sellado. Dios permite un pequeño atisbo a la niñez de Juan en un solo versículo: "El niño crecía y se fortalecía en espíritu; y vivió en el desierto hasta el día en que se presentó públicamente al pueblo de Israel" (Lucas 1:80, NVI). Este versículo revela tres secretos acerca de cómo el pequeño Juan se convirtió en un muchacho que oraba y finalmente llegó a ser un hombre de oración.

Primer secreto: la madurez es un proceso

El crecimiento no sucede de la noche a la mañana. Juan no se convirtió en este tremendo hombre de oración repentinamente. Las lecciones y los hábitos espirituales toman tiempo para desarrollarse antes de que la destreza se establezca. Como padre, si usted aborda su papel como un trabajo de toda la vida, eso por sí solo trae un sentir de esperanza. Aligera la presión, que con frecuencia es autoinducida.

Cuando vuelo a lugares distantes como Malasia, Nueva Zelanda o Tailandia, lugares que están del otro lado del mundo de Nueva Jersey, el viaje se vuelve hacedero una vez que me digo a mí mismo: *Voy a estar en este avión durante quince o veinte horas.* Antes de dar un paso dentro de la nave, tomar mi lugar y elevarnos a treinta y cinco mil pies (10,67 km) sobre el nivel del mar durante veinte horas, primero tomo una perspectiva de largo plazo. Si no lo hago, con toda certeza "el enojo del vuelo" me viene encima. En los primeros días de mi ministerio abordaba el avión con prisa por aterrizar. Los vuelos entonces, aunque duraban lo mismo, se sentían como una eternidad. Ya no se sienten así. El único cambio fue mi actitud. Semanas antes del viaje, comienzo a prepararme por medio de reconocer que el vuelo es largo y que debo aceptar esa realidad. Planeo con anticipación llevar libros para leer que disfruto. Incluso empaco un buen par de audífonos para disfrutar completamente las películas que ofrecen abordo.

Necesitamos la misma perspectiva para ayudar a nuestros hijos a desarrollar buenos hábitos de oración. Les va a tomar tiempo—mucho tiempo—aprender cómo orar. Si somos impacientes con ellos, probablemente interpreten que esto significa que Dios es impaciente.

La oración, como las demás disciplinas espirituales, requiere claridad en el entendimiento de su hijo y el suyo. Tiene que tener clara su relación con Dios; lo que Él espera de usted y lo que usted espera de Él. Su hijo también debe tener esta claridad. Es suficientemente difícil para nosotros los adultos obtener tal claridad de mente. Llegar a esta etapa es intimidatorio, especialmente para los niños porque sus habilidades de razonamiento no se han desarrollado por completo (lo cual durará hasta el inicio de sus veintes). Los niños están observando miles de cosas nuevas cada día. Y están dilucidando cómo reaccionar a ellas, qué nivel de prioridad darles y cuál podría ser considerado un resultado aceptable para la gente que es importante para ellos. Hay mucho que absorber.

Una publicación reciente de YouTube rápidamente se hizo viral. Muestra a un infante gritando y tratando de huir de su sombra. El niño no entiende que es una sombra y que nunca lo deja. Así que esta oscura silueta ineludible quizá sea linda para nosotros, pero es atemorizante para el niño. Las cosas nuevas requieren tiempo entenderlas y dilucidarles, especialmente para los pequeñitos.

Cuando se trata de la oración no podemos tener expectativas poco realistas de un niño. Si lo hacemos, aprenderán a odiar a orar, u oraran solamente por obligación en una manera mecánica como lo hacían los fariseos de la Biblia. Los fariseos eran la secta más estricta de los judíos. Jesús con frecuencia los censuraba y abiertamente los reprendía por sus prácticas pretenciosas. Sus oraciones no eran sinceras o auténticas. Estos ejercicios con frecuencia rutinarios eran realizados como una actuación para que los demás los vieran y los admiraran. Jesús les enseñó que Dios no les prestaba atención cuando oraban: "Y cuando ores, no seas como los hipócritas; porque ellos aman el orar en pie en las sinagogas y en las esquinas de las calles, para ser vistos de los hombres; de cierto os digo que ya tienen su recompensa" (Mateo 6:5). No queremos crear ese tipo de seguidores jóvenes de Cristo. Si sus hijos desarrollan un sentimiento negativo acerca de la oración, podrían reflejar sus sentimientos negativos hacia Dios.

En su libro *The Purple Pig and Other Miracles* [El cerdo morado y otros milagros], Dick Eastman cuenta la historia de Benny, un adolescente de quince años que tenía la mentalidad de un niño de seis años. Durante un servicio de testimonios, Benny interrumpió el servicio para testificar delante de la congregación:

> "Los quiero mucho a todos. Es cierto que no puedo conseguir un trabajo como los demás chicos de mi edad. Ni siquiera puedo ir a una escuela de verdad como todos ustedes. En mi escuela solo hacemos canastas. Pero puedo amarlos".
>
> Enjugando sus lágrimas, Benny añadió: "Y puedo orar por ustedes. Solamente recuerden; si se desaniman, Benny está orando por ustedes. No es mucho, pero es todo lo que puedo hacer. Voy a estar orando. Cualquiera puede orar".[5]

Estoy seguro que la paciencia extendida a Benny lo ayudó a desarrollar buenos hábitos de oración y la confianza de que cuando orara Dios le respondería.

Segundo secreto: la madurez espiritual también es un proceso

Para entender cómo es que los niños pequeños y más particularmente el pequeño Juan desarrollaron una vida de oración, leamos nuevamente Lucas 1:80 que dice: "El niño crecía y se *fortalecía en espíritu*" (énfasis añadido). La Biblia de Jerusalén dice: "El niño crecía y su espíritu se fortalecía". Aparte de la madurez física de Juan su espíritu maduró. Reconoció las cosas que promovían crecimiento espiritual y se aplicó a ellas. El crecimiento espiritual y el crecimiento natural no corren en las mismas vías. Son procesos completamente independientes. Hay muchos cristianos adultos que son bebés espirituales a pesar de tener muchos años en el Reino de Dios. Su espiritualidad infantil suele provenir de un descuido de las actividades y disciplinas que promueven el crecimiento espiritual.

Los bebés espirituales pocas veces se comprometen con tener devociones diarias, participar en actividades del ministerio, compartir su fe con no creyentes o, incluso, con asistir a la iglesia regularmente. Estos hábitos se correlacionan directamente con el crecimiento espiritual de la persona. Por ejemplo, el Estudio Social General 2014 mostró un ligero crecimiento a lo largo de tres décadas en la cantidad de estadounidenses que oran por lo menos una vez al día. La cifra más reciente fue 57%, arriba de 54% en 1983. No obstante, para los que asistían regularmente a los servicios religiosos, los datos mostraban que la práctica de la oración se elevaba casi a nueve de cada diez estadounidenses.[6] La madurez espiritual es un proceso que se encuentra inextricablemente vinculado con aplicarnos a hábitos probados. Este estudio lo prueba.

De niño, Juan llegó a ser espiritualmente maduro a través de la disciplina. El crecimiento no es el resultado de conocer historias bíblicas. El crecimiento espiritual sucede al *hacer* las mismas cosas que las que hicieron nuestros héroes de la fe. El pequeño Juan se aplicó a los principios y prácticas de los gigantes del Antiguo Testamento. Cuando llegó a ser adulto, los sacerdotes y los levitas le preguntaron: "¿Qué pues? ¿Eres tú Elías? Dijo: No soy..." (Juan 1:21). Entonces los sacerdotes y levitas le preguntaron: "¿Eres tú el profeta?". Y su respuesta fue: "No" (Juan 1:21). Juan conocía las historias que rodeaban a estos héroes de la fe. Lo más importante era que practicaba las disciplinas que ellos empleaban. Los seguidores de Juan pasaban tiempo ayunando y orando: "Entonces vinieron a él los discípulos de Juan, diciendo: ¿Por qué nosotros y los fariseos ayunamos muchas veces, y tus discípulos no ayunan?" (Mateo 9:14), y es probable que hayan estado siguiendo su ejemplo. A causa de lo limitado de los pasajes que hablan de la niñez de Juan, no podemos decir con seguridad que ayunaba de niño. Pero puedo decir convincentemente que ayunar y orar son dos de las disciplinas que hacen que uno sea *fuerte en el espíritu.*

No estoy sugiriendo ningún tipo de ayuno para los niños. En esta edad es suficiente simplemente ayudar a su hijo a cómo conectar sus oraciones con la Biblia y cómo desarrollar una vida de oración regular que lleve a una creciente relación con Cristo. La práctica del ayuno se volverá orgánica a medida que maduren. Algunos quizá se aventuren a ayunar de adolescentes. Incluso si nunca ayunan hasta convertirse en adultos, debe ser su decisión y solo su decisión para que pueda tener algún mérito espiritual.

Mi punto es que el pequeño Juan entendía el crecimiento espiritual y era lo suficientemente valiente como para practicar ciertos hábitos. Nosotros les enseñamos a los infantes a dar gracias por los alimentos antes de cada comida. Esta práctica era un requisito en el hogar de los Ireland, incluso para los miembros más pequeños. He descubierto que las reglas sin razón producen rebelión, por lo cual, invertimos tiempo explicándoles el razonamiento detrás de esta regla. Les compartimos los pasajes bíblicos pertinentes para que su fe descansara en las Escrituras y no solamente en los deseos o prácticas de sus padres.

Nuestras hijas aprendieron que dar gracias por lo alimentos demostraba nuestro agradecimiento a Dios por su provisión. Dar gracias por los alimentos nos permitía la oportunidad de expresar nuestra gratitud y aprecio por la comida. También era una manera de bendecir a los que habían preparado los alimentos. Requirió tiempo para que esa disciplina espiritual se afirmara. Algunas veces se les olvidaba y comenzaban a comer. Sí me encontraba en un estado de ánimo sarcástico, yo decía algo al respecto como: "¡No somos lobos!". Después de que sus risitas se apagaban, le pedía a una de ellas que diera gracias a Dios por los alimentos.

Sin la dirección parental o espiritual adecuada en funcionamiento, los niños tropezarán en su descubrimiento de los secretos que promueven su crecimiento como discípulos. Con el establecimiento de un buen ejemplo, el proceso se vuelve más racionalizado. Esto genera resultados más rápidos. Juan tuvo buenos ejemplos. Sus padres conocían la paciencia y el poder de la oración, y caminaban con Dios en los tiempos buenos y los malos.

Tercer secreto: estar a solas es algo bueno

El único versículo que tenemos del cual podemos obtener entendimiento de la formación espiritual del pequeño Juan dice:

> El niño crecía y se fortalecía en espíritu; *y vivió en*
> *el desierto* hasta el día en que se presentó pública-
> mente al pueblo de Israel.
> —LUCAS 1:80 (NVI), ÉNFASIS AÑADIDO

Descubrimos que Juan pasaba tiempo a solas como parte de su preparación para el ministerio. La Biblia no dice cuando fue exactamente que dejó la casa de sus padres en las montañas de los campos de Judea (Lucas 1:39) para ir al desierto de Judea. Lo que podemos entender de este texto es que estar a solas era parte de su estilo de vida.

Estar a solas no es un castigo. Es apartarse voluntariamente de los asuntos ordinarios, que pueden incluir el contacto humano, por breves periodos con el fin de buscar al Señor. Me encanta lo que dice Richard Foster acerca de estar a solas en su libro *Celebración de la disciplina*: "El tiempo a solas interno tiene manifestaciones externas. La libertad de estar solo existe, no con el fin de alejarse de la gente, sino con el propósito de escuchar mejor el Susurro divino".[7]

Todos los grandes héroes de la Biblia pasaban intencionalmente un poco de tiempo a solas con el propósito de buscar a Dios en oración. Moisés lo hizo. Pasó cuarenta días y cuarenta noches en oración y ayuno. "Y él estuvo allí con Jehová cuarenta días y cuarenta noches;

no comió pan, ni bebió agua; y escribió en tablas las palabras del pacto, los diez mandamientos" (Éxodo 34:28). El resultado fue fenomenal. Recibió los Diez Mandamientos: el código moral y ético que dirige el sistema legal de la mayoría de las sociedades, incluso en la actualidad.

Jesús también pasó cuarenta días y cuarenta noches a solas mientras ayunaba y oraba. El resultado fue el lanzamiento de su ministerio terrenal. "Jesús, lleno del Espíritu Santo, volvió del Jordán, y fue llevado por el Espíritu al desierto por cuarenta días, y era tentado por el diablo. Y no comió nada en aquellos días, pasados los cuales, tuvo hambre" (Lucas 4:1–2). Pablo, el gran apóstol y el arquitecto principal de la mayoría de las cartas del Nuevo Testamento, pasó un poco de tiempo en Arabia con el único propósito de buscar a Dios: "...fui a Arabia, y volví de nuevo a Damasco..." (Gálatas 1:15–17). Buscar a Dios durante tiempos a solas nos permite orar, como Ruth Haley Barton escribe:

> Santo, hay algo que quería decirte, pero ha habido diligencias que hacer, cuentas que pagar, reuniones a las cuales asistir, coladas que hacer [...] y olvido lo que te quiero decir, y olvido mi propósito o la razón por la que hago las cosas. Oh, Dios, no me olvides por favor, por amor a Jesucristo.[8]

Como adulto veo la necesidad de momentos intencionales de estar a solas. Quizá no pueda tomarse cuarenta días e irse al desierto cercano o a un hotel lujoso. Pero probablemente pueda tomar un paseo o un descanso de cuatro horas del ajetreo de la vida para buscar al que lo ama tan profundamente.

Su hijo necesita aprender a apreciar el valor del tiempo a solas también. Nuestros hijos siempre están ocupados. De la práctica de "ballet" los llevamos a rastras al ensayo de teatro. O si tiene atletas, van corriendo de la práctica de fútbol, al fútbol americano o al béisbol. Y cuando están en casa están amarrados por la cintura— o debería decir con los dedos pegados—al último dispositivo tecnológico. Esta era moderna puede entorpecer el desarrollo espiritual. Mantiene a los niños estresados, conectados y desconectados de Dios.

Ciertamente Dios es omnipresente. Está en todos lados al mismo tiempo. Está con ellos en el campo de béisbol, en la pista de "ballet" o en las sala de ensayos de la gran obra de teatro escolar. Pero con frecuencia no se encuentra en el radar. Su pequeño necesita tener momentos a solas, al igual que usted. Necesitan tener momentos a solas para estar en contacto con sus propios pensamientos, su corazón, sus deseos y luego con los pensamientos, el corazón y los deseos de Dios. El teólogo holandés, Henri Nouwen, señaló: "El tiempo a solas es un elemento esencial para la salud espiritual de un niño. Si solamente estimulamos a nuestros hijos—los mantenemos ocupados con historias interminables sin espacio para estar a solas—eso no es bueno".[9]

Tomemos una jugada del libro de jugadas del pequeño Juan para ayudar a enseñarles a nuestros hijos a orar:

Señor, he estado tan ocupado con la tarea, las fechas de la obra de teatro y siguiéndoles el paso a mis amigos que me siento vacío. He perdido de vista lo que has estado hablando a mi corazón. Querido Dios, renueva mis deseos para conocerte mejor. Perdóname por permitir que mi vida te haga a un lado con tantas ocupaciones. Ayúdame a servir a Jesús incluso de niño.

Para fomentar tiempos a solas que sean realistas para un niño, comience con tener tiempos de "Nada de juguetes tecnológicos o dispositivos". Conozco algunas familias que crearon reglas para la casa en las que todos los dispositivos tienen que ponerse a cargar en un lugar central a las 8 p.m. durante la semana escolar. Esto genera espacio para el tiempo familiar y los tiempos a solas, así como momentos sin interrupciones para reflexionar acerca de su día. Estas familias estructuraron este tiempo de relajamiento de tal manera que no parecía punitivo o excesivo.

Nuevamente, dependiendo de la edad y madurez de sus hijos, podría querer añadir otros componentes a este tiempo de relajación de modo que capture un genuino sentir de estar a solas. Estos periodos deberían tener componentes incorporados que los vinculen con conectarse o reconectarse con Dios. La televisión está apagada. El teléfono está cargándose y en silencio. La Biblia está abierta. Probablemente hay música de adoración que les gusta a sus hijos tocando en el fondo mientras aprenden a enfocar su mente en Dios. De modo similar a las demás disciplinas, el tiempo a solas es un músculo que se tiene que desarrollar. Si nunca ha pasado momentos extendidos a solas, podría parecer tortuoso al principio.

Comience lentamente: podría apartar unos quince minutos. Una vez que lo dominen, increméntelo a treinta minutos. Sigan haciéndolo hasta que puedan disfrutar un periodo largo de tiempo sin interrupciones para conectarse con Dios. El tiempo a solas genera un respiro del mundo acelerado. Es como alguien que sale de la pesada lluvia para meterse debajo del toldo protector de una tienda.

El tiempo a solas nos permite recuperar el aliento. Esta pausa habilita la reflexión y una oportunidad de agradecerle a Dios por su bondad. Las actividades diarias tienen una manera de mantenernos funcionando en muchos niveles. Más allá del desgaste físico está el emocional y el espiritual. El vacío alimenta el estrés existente, el cual dispara el mal genio y las relaciones tirantes. Estoy seguro de que ha notado que sus hijos se vuelven gruñones cuando están cansados. Eso pone a toda la casa en crisis.

El tiempo a solas profundiza nuestra relación con Dios y comunica que queremos escuchar lo que Él está hablando a nuestro corazón. El pequeño Juan intencionalmente pasó tiempo en el desierto de Judea para escuchar a Dios. Necesitaba claridad de propósito. Lo hizo valiente, así como lo hará con usted y con sus hijos. La claridad también incrementará su sentir de valentía y afilará su enfoque. Sin ella usted es echado de aquí para allá por cada pensamiento fugaz o idea emocionante que venga a su camino.

Acciones a tomar

A medida que continúe en el proceso de entrenar a sus hijos sobre cómo orar, invite a Dios a su vida hogareña por medio de obtener algunas lecciones de Juan el Bautista. Aprendimos que:

- Tener problemas no lo descalifica de criar campeones espirituales.

- La madurez es un proceso. Requiere practicar la paciencia con su hijo.

Haga esta oración:

Señor, ayúdame a mantener mis problemas en perspectiva. Los pongo en tu altar en este momento. Por favor ayúdame a resolverlos. Mientras tanto, dame la fuerza de siempre tener la actitud correcta para que nunca sea derrotado por estos problemas. Ayúdame a depender totalmente de tu gracia para que mi hogar sea un lugar pacífico y disfrutable para vivir y criar a mis hijos. Te pido esto en el nombre de Jesús. Amén.

Capítulo 5

LIBERE EL PODER
DE LOS NIÑOS

———————— ❉ ————————

E L PEDIATRA DAVID Cerqueira compartió una historia de cómo una niña moribunda le mostró a su iglesia el honor de servir a Dios:

Ese domingo en particular su esposa había preparado una lección para los niños de su grupo de escuela dominical sobre cómo todos pueden ser útiles y que servir a otros es servir a Dios. Los niños escuchando en silencio absorbiendo sus palabras. Cuando la lección terminó, una pequeña niña llamada Sarah habló: "Maestra, ¿qué puedo hacer? No sé cómo hacer muchas cosas útiles".

Sorprendida por la pregunta, la maestra pensó por un momento y luego con toda intención les dio lo que se convertiría en una respuesta inolvidable. Divisó un florero vacío en la repisa de una ventana y le dijo a Sarah que podía traer una flor para el florero.

—Eso sería bastante útil —les dijo.

—Pero eso no es importante —dijo Sarah frunciendo el ceño.

—Lo es —respondió la maestra—, si estás ayudando a alguien.

A partir de ese momento, cada domingo Sarah traía una flor y la ponía en el florero. El pastor se enteró acerca de la fidelidad de Sarah, y colocó el florero en el santuario principal para que todos lo vieran. Ese domingo dio un sermón sobre el honor de servir a otros. El florero de Sarah fue un ejemplo visual fabuloso y la congregación quedó conmovida por el mensaje.

Durante esa misma semana la madre de Sarah le llamó al Dr. Cerqueira, el pediatra. Estaba preocupada porque al parecer Sarah tenía menos energía de la que solía y no tenía apetito. El Dr. le dio cita para el día siguiente. Sarah soportó varios análisis y pruebas. Los resultados eran trágicos: tenía leucemia.

A causa de la relación del pediatra con la familia sintió que la mejor manera de dar las noticas a los padres de Sarah era cara a cara. Se detuvo en su casa de regreso a su hogar. Todos se sentaron en la mesa de la cocina mientras el doctor explicaba cómo la genética de Sarah y la leucemia eran una mezcla terrible. No había nada que se pudiera hacer médicamente para salvar la vida de Sarah.

Con el correr del tiempo Sarah quedó confinada a su cama. Esta pequeñita que solía estar llena de vida perdió la sonrisa. También perdió mucho peso. Llegó el momento en que Sarah apenas y se movía. El doctor sabía que Sarah no viviría ya mucho tiempo.

Ese domingo durante el sermón el pastor de pronto dejó de hablar. Con una expresión de sorpresa en su rostro estaba mirando a la parte trasera de la iglesia. ¡Allí estaba Sarah! Estaba envuelta en una sábana, y traía un diente de león.

Para sorpresa de todos, Sarah caminó lentamente al frente de la iglesia donde su florero permanecía cerca del púlpito. Puso la flor en el florero y una hoja de papel a su lado. La congregación vio a la pequeña Sarah colocar su flor en el florero por última vez.

Cuatro días después, Sarah murió.

El doctor más tarde recibió la nota que Sarah había dejado junto a la flor. En lápiz de cera rosa Sarah escribió:

> Querido Dios:
>   Este florero ha sido el más grande honor de mi vida.
>   —Sarah

Servir a Dios, como lo dijo Sarah, es "el más grande honor" de todos.[1]

El poder de los niños es muy real y bastante formidable. Sarah no es una excepción. El impacto de su proeza se hizo pública porque alguien le prestó atención. Lo mismo le puede suceder a su hijo. Cuando examinamos la vida de oración de Jesús y de Juan el Bautista, vemos que Dios le da la bienvenida a los niños a su sala del trono. A lo largo de la historia de la Iglesia los niños han estimulado la fe de la Iglesia al hacer su parte para hacer avanzar la causa de Cristo. El poder de los niños es soltado cuando aprenden a orar.

La sala del trono de Dios no está acordonada para evitar a los pequeños visitantes, al igual que algunas salas de estar lo están para los niños de la casa. La sala del trono no es una exhibición donde vamos para curiosear o tomar fotografías. Es un lugar en el que la misericordia y la gracia son extendidas a la solicitud de algún alma penitente: "Acerquémonos, pues, confiadamente al trono de la gracia, para alcanzar misericordia y hallar gracia para el oportuno socorro" (Hebreos 4:16). Las transacciones de esta naturaleza con frecuencia son poco limpias y ordenadas. El clamor por misericordia no es el más elocuente, porque el corazón suele estar roto. Las palabras, en ocasiones, ni siquiera son coherentes. Pero Dios las entiende porque escucha el corazón, no necesariamente las palabras.

Después de treinta años de aconsejar a la gente en sus peores momentos, he observado algo en común. Cuando los esposos y las esposas se piden perdón, pocas veces es sin lágrimas. Los eventos que los llevaron a ese momento son sumamente dolorosos. Sus acciones egoístas rompieron el corazón de su cónyuge en pedazos. Y ahora lo ven. He visto labios temblar, las palabras se vuelven difíciles de entender y las voces se quiebran cuando los cónyuges piden perdón. Algunas veces las palabras no son claras, pero el lenguaje corporal y los corazones en lágrimas lo eran todo excepto confusos. La solicitud de perdón era auténtica. En esos momentos el ruego es recibido sin titubeos. El perdón fluye libremente.

Estoy convencido de que Dios hace lo mismo cuando sus pequeños vienen a la sala del trono. Sus equivocaciones son ignoradas a causa de la sinceridad de su corazón. En nuestras clases de escuela dominical alentamos a los niños a orar. Un domingo en particular, Joan les pidió a dos niños que oraran por la ofrenda. En el momento en que señaló a Teddy, emocionado comenzó a orar. Este niño de cinco años primero se aclaró la garganta y luego habló en una dramática profunda voz mientras decía: "Padre celestial". Continuó un rato orando por las familias y luego por la ofrenda, todo con su mejor imitación de la voz de un barítono. Cuando fue el turno de Sally, ella oró: "Señor bendice la ofrenda porque la iglesia la necesita para comprar cosas. La iglesia nos compra muchos bocadillos de frutas y de veras nos gustan. También, Señor, bendice a Elmo y a todos mis amigos de Plaza Sésamo. Te damos gracias por todos ellos, en el nombre de Jesús. Amén".

Cuando escuché la historia, me reí. No estoy seguro de por qué Teddy al parecer piensa que la oración necesitaba un tono de voz profundo y serio. No obstante, estoy seguro de que su voz artificial no evitará que tenga acceso a la sala del trono de Dios. Ni tampoco está cerrada la sala del trono a Sally porque su mente infantil quiere que Dios bendiga personajes ficticios de Plaza Sésamo.

Joan me contó acerca de otras oraciones que los niños hacen. Una pequeñita dijo: "Dios, ayuda a mi papito a dejar de tomar drogas". Otro niño de cinco años le pidió al grupo que orará por su amigo de la escuela que iba a someterse a cirugía la semana siguiente. Incluso a una tierna edad nuestros hijos entienden que la vida es demasiado difícil para pasarla solos. Necesitan la ayuda de Dios al igual que nosotros. El poder de los niños es tan formidable como el de los adultos. De rodillas todos somos iguales. A través de la oración podemos pedirle ayuda al Dios todopoderoso.

La oración nos da acceso a su omnipotencia. Descuidar la oración es darle la espalda a la mayor fuente de poder conocida por la humanidad: Dios. Del mismo modo, cuando participamos de la oración encendemos la mayor fuente de poder. La oración le da a nuestros hijos acceso a la autoridad ilimitada de Dios. Este poder no puede ser obstaculizado por nadie, sin importar su título o posición. Es imparable. Por eso es crucial que le enseñe a sus hijos cómo orar. El poder de los niños sucede cuando se conectan con el poder divino. No haga de su edad la gran cosa. ¡Dios no lo hace!

El afamado sacerdote francés del siglo XIX, John Vianney, compartió: "Mis pequeños, sus corazones son pequeños, pero la oración los estira y los hace capaces de amar a Dios. A través de la oración recibimos una probada del cielo y un poco del paraíso desciende sobre nosotros. La oración nunca nos deja sin dulzura. Es miel que fluye a las almas y hace todas las cosas dulces. Cuando oramos apropiadamente, las tristezas desaparecen como la nieve delante del sol".[2] Cada generación debe caer en cuenta de que los niños tienen gran poder al arrodillarse.

Considere al joven Samuel. De niño tuvo un encuentro transformador con Dios. El Señor le mostró que el sumo sacerdote anciano, Elí, no viviría mucho tiempo más porque había fallado en refrenar a sus dos hijos adultos y era laxo en disciplinarlos. Eran malvados y despreciables: "Los hijos de Elí eran hombres impíos, y no tenían conocimiento de Jehová" (1 Samuel 2:12). La palabra profética de Samuel a Elí le dio forma a la historia de Israel. Elí y sus dos hijos murieron y el arca del pacto le fue quitada a Israel en la batalla (1 Samuel 4).

Imagínese a un muchacho siendo usado por el Espíritu Santo para comunicar el juicio histórico de Dios contra un sacerdote equivocado. De chico Samuel fue conocido como profeta: "...Y todo Israel, desde Dan hasta Beerseba, conoció que Samuel era fiel profeta de Jehová..." (1 Samuel 3:19–21). El poder de los niños estaba operando en él y a través suyo. Esta profecía dada a Elí no fue la única para la que Dios usó al joven Samuel. No solemos ver a los niños yendo por ahí haciendo predicciones en el nombre de Dios. Este papel no es la norma para los niños, pero podría serlo si los tomáramos más en serio. El hecho de que la Biblia nos da atisbos del poder de los niños es una fuerte indicación de que los niños no son demasiado jóvenes para tener poder de rodillas.

Los niños necesitan nuestro ánimo para estimularlos por este camino de intimidad con Dios. Nuestro reconocimiento los ayuda a reconocer su valor. Eso fue exactamente lo que la maestra de escuela dominical hizo por Sarah, la pequeñita que padecía leucemia. En el caso de Samuel, su crecimiento no sucedió en el vacío. Elí era una persona tremenda para animar a otros. A pesar de sus faltas, Elí alimentó el llamado de Dios en la vida de Samuel por medio del ánimo. La Escritura dice que "el niño ministraba a Jehová delante del sacerdote Elí" (1 Samuel 2:11). Elí tomó a Samuel bajo su tutela. Le dio al joven Samuel tareas importantes a realizar. Esto ayudó al pequeño Samuel a ver y a reconocer su valor. Además de cuidar de las necesidades básicas del viejo sacerdote, Samuel abría diariamente las puertas de la casa del Señor: "Y Samuel [...] abrió las puertas de la casa de Jehová" (1 Samuel 3:15). Esto es lo que los niños quieren. Quieren saber que lo que se les encarga tiene valor.

Sobre todo, quieren saber que son importantes para usted. Al permitirle a Samuel que cuidara de él, el anciano ayudó al muchacho a reconocer su valor. El cuidado no era simplemente hacer mandados; incluía pasar tiempo juntos. ¿Conoce los sentimientos que tienen los muchachitos cuando saben que le simpatizan? Todas las buenas relaciones mentor-aprendiz se desarrollan en la amistad y no solamente en autoridad o conocimiento.

La importancia del valor

El valor habla de dignidad. Una fuente anónima cierta vez compartió una historia que apareció en el antiguo *Moody Monthly* acerca de una visita que hizo Craig Massey, el popular autor cristiano, a un restaurante. Massey escuchó a un padre enojado decirle a su hijo de siete años: "¿Para que eres bueno?". Habiendo acabado de derramar su vaso de leche accidentalmente, el niño bajó la cabeza y respondió: "Para nada".

Andando el tiempo unos años más tarde Massey recordó estar disgustado con su propio hijo después de un incidente aparentemente insignificante. Se escuchó a sí mismo hacer lo que él llamó "la pregunta más cruel que un padre puede hacer". Disparó el mismo tipo de pregunta: "¿Para que eres bueno?". Al igual que el muchacho en el restaurante, su hijo respondió: "Para nada". De inmediato, Massey fue redargüido por su pregunta cruel. Al meditar en ella, reconoció que la pregunta era razonable, pero la respuesta no lo era. Varios días después cuando su hijo cometió otro error con otra ofensa menor, Massey le preguntó: "¿Para qué eres bueno?". Esta vez, antes de que el muchacho pudiera responder, lo abrazó y lo besó y le dijo: "Te voy a decir para que eres bueno. ¡Eres bueno para ser amado!".

Esta se volvió la respuesta permanente cada vez que Massey le preguntaba a su hijo: "¿Para qué eres bueno?". Su hijo respondía: "Soy bueno para ser amado".[3] Imagínese cuánto se elevaría la autoestima y la confianza de su hijo al conocer que el valor no se basa en el desempeño o los logros. Criar niños poderosos en oración está vinculado directamente con desarrollar su autoestima y valor.

Ofrézcale valor

Nuestros hijos obtienen su sentido de valor de las personas que los aman. Así como Massey pudo ingeniosamente convertir su áspera respuesta inicial en una positiva, usted puede hacer lo mismo. La fuente primaria del valor tiene que provenir de la figura más significativa en la vida de su hijo. Esto significa que mamá y papá son increíblemente importantes durante los años de formación. Más tarde, los externos brindarán valor agregado a la autoestima y dignidad de su hijo. Pero en los primeros años usted es el principal generador de valor. Sin importar qué tan grande sea la iglesia, usted debe seguir viéndose como el "que hace llover" para el sentido de valor que su hijo necesita.

Alabe más de lo que critica

La autoestima de su hijo está directamente relacionada con la proporción de alabanza y crítica que recibe. Aun y cuando la crítica se pronuncie en un tono dulce, sigue siendo crítica y puede abollar el sentido de dignidad de su hijo. Como usted es la figura de autoridad principal en la vida de su hijo, él recurre a usted para ser validado.

Encuentre cosas por las cuales felicitar a su hija sin importar qué. Si limpió su cuarto, felicítela. Aun y cuando no esté a su entera satisfacción, felicítela por el esfuerzo. Incluso puede venir a su lado y decir: "Preciosa, estoy orgulloso del excelente trabajo que hiciste. Es realmente difícil guardar todos esos juguetes. Puedo ayudarte con el resto". En otras palabras: encuentre una manera de levantar su sentido de valía. Cuando ella vaya a orar, va a saber que Dios también la valora.

Participe en las actividades de su hijo

Los niños necesitan verlo participando en su mundo. Invitarlos a orar o a aprender a orar no puede ser un asunto unilateral. Usted les está pidiendo que aprendan algo que parece, por lo menos al principio, una actividad de adultos. Desde su mentecita, la oración es algo que le gusta hacer *a usted*. Lo ven como *asunto suyo*. Para ayudarlos a ampliar su visión, participe en sus actividades con igual entusiasmo y celo. No espere que ellos introduzcan el tema; tome usted la iniciativa. Mostrar interés en su deporte o actividad después de la escuela demostrará que usted ve valor en lo que hacen.

Recuerdo cuando mi hija, Jessica, tenía unos ocho años y tenía la moda de pintarse las uñas. Una tarde cuando su hermana mayor y su madre no estaban en casa me llevó a su mundo. La conversación comenzó cuando me dijo: "¡Los papás no pueden hacer lo que hacen las mamás!". Me tiró la carnada. Con mi personalidad tipo A no iba a rechazar un desafío. "¡Yo puedo hacer cualquier cosa que tu madre pueda hacer!", le dije. Mencionó varias cosas, desde coser a trenzar cabello, a lo cual yo respondí: "Yo puedo hacer eso". Finalmente me dijo:

—Te apuesto a que no puedes pintar uñas.

—¡Trae tu esmalte de uñas! —le dije, y volvió en medio segundo con todas sus cosas para pintar uñas.

Nos sentamos en la cama, y le pinté las uñas, haciendo mi mejor esfuerzo por no pintarle la piel. Después de que terminé ambas manos le dije: "Te dije que puedo hacer cualquier cosa que pueda hacer tu mamá".

Olvidé por completo el asunto. Cuando llegó el domingo, yo iba de la mano de Jessica al entrar por el vestíbulo de la iglesia para entrar al santuario. Una de las damas por coincidencia vio el esmalte de uñas de Jessica y dijo: "Tus uñas están hermosas". Jessica se detuvo y le enseñó la mano, con las uñas hacia arriba, para que la dama pudiera verlas bien. "¿Quién te pintó las uñas?", preguntó la señora.

Yo estaba muy apenado de lo que estaba a punto de suceder. Mi pequeñita sin siquiera pensarlo exclamó: "¡Mi papá me las pintó!". La dama me miró, su pastor— el hombre de Dios—y simplemente sonrió. Han pasado quince años desde ese momento, pero todavía no me puedo sacudir la intranquilidad de haber sido expuesto como el manicuro de Jessica. Ya en serio, mi participación en esta actividad simplemente le comunicó a mi hija que yo estaba *completamente comprometido* como papá. Ella no era una molestia para mí. Sus actividades eran interesantes para mí, incluso las que no me venían con naturalidad. Así que cuando se trató de orar, no tuvo problemas para seguir mi dirección

Considere lo opuesto: cuando un muchacho se ve a sí mismo como una molestia o una peste. Charles Francis Adams, la figura política y diplomático del siglo XIX llevaba un diario. Un día escribió lo siguiente: "Fui a pescar con mi hijo hoy, un día desperdiciado". Su hijo, Brook Adams, también llevaba un diario, el cual todavía se encuentra en existencia. Ese mismo día, Brook escribió esta entrada: "Fui a pescar con mi padre; ¡el día más maravilloso de mi vida!".[4] El padre pensó que estaba desperdiciando su tiempo, mientras que el hijo lo vio como una oportunidad para conectarse y desarrollar amistad con su papá. ¿Se puede imaginar cómo se habría sentido Brook si hubiera leído lo que escribió su padre para ese día? Lo hubiera aplastado.

APROVECHE AL MÁXIMO LOS
MOMENTOS ORDINARIOS

Las instrucciones espirituales suceden mejor en los momentos ordinarios. Por eso fue que Dios le dijo a los israelitas:

> Por tanto, pondréis estas mis palabras en vuestro corazón y en vuestra alma, y las ataréis como señal en vuestra mano, y serán por frontales entre vuestros ojos. Y las enseñaréis a vuestros hijos, hablando de ellas cuando te sientes en tu casa, cuando andes por el camino, cuando te acuestes, y cuando te levantes.
> —DEUTERONOMIO 11:18–19

Cuando usted obtiene lecciones espirituales de los asuntos ordinarios de la vida demuestra que Dios está involucrado en todo. Él no es solo el Dios de la "mañana del domingo" al que visitamos durante la adoración semanal. Él es el Dios de toda la semana, aun y cuando vamos conduciendo hacia el centro comercial o el juego de fútbol.

Recientemente me enteré de que mi esposa solía orar periódicamente con nuestra hija más joven al llevarla a la escuela en el coche. Mientras Jessica compartía sus desafíos o intereses, Marlinda diría: "Vamos a orar en este momento por esas cosas". Le estaba enseñando a Jessica cómo orar por los asuntos de su día y de su vida. Hoy Jessica es una adulta. El año pasado ella y Marlinda fueron a un congreso de mujeres juntas. Sabiendo que había varios grupos de madres e hijas presentes, la oradora invitó a las hijas a que compartieran con su mamá uno de los momentos que más hubieran disfrutado de su infancia juntas. Jessica le dijo a Marlinda que ella disfrutaba los momentos en los que oraban juntas en el coche camino a la escuela. Marlinda no sabía que esos momentos ordinarios hubieran tenido un efecto tan profundo en Jessica.

Esta es precisamente la razón por la que Dios nos pidió que utilizáramos los momentos ordinarios de la vida como oportunidades para enseñar a nuestros hijos. Mientras no sea obligatorio, ensayado o abrumador, la oportunidad puede probar ser algo especial y memorable para ambos de ustedes.

Limite el momento de enseñanza

Los momentos más poderosos de enseñanza son solo eso: un momento; un breve espacio de tiempo. No se debería sentir como una eternidad. Debería ser especial, como un refrigerio. Comerse una tarta de queso con fresas no es un agasajo especial si sucede a diario. Eso ni siquiera es considerado un refrigerio. ¡Es gula! Una rebanada o dos es un refrigerio, pero no toda una tarta de queso gourmet de doce pulgadas (30 cm) con todos los aderezos.

Permítale al Espíritu Santo que lo dirija incluso en estas cosas mundanas. Si su hijo parece incómodo o si usted percibe resistencia en él, simplemente cambie la dirección. Espere un momento más oportuno para ofrecer una lección espiritual. Puede compartirlo en un momento en el que perciba la inspiración del Espíritu Santo en una manera más fuerte. Si Dios le da una revelación acerca de una verdad espiritual, incluso en medio de una tarea bastante básica, esa es probablemente su mejor oportunidad. ¡Aprovéchela!

Leland Wang, el evangelista chino, compartió un incidente de su niñez que vívidamente ilustra la obra de Cristo. En cierta ocasión se había portado muy mal y su madre, con un palo en la mano, lo llamó para ser castigado. Pero se alejó corriendo, provocándola porque no podía atraparlo. Ella tenía muy poca oportunidad de atrapar a su pequeño y vivaz hijo.

Así que se quedó quieta y le dijo: "Me siento avergonzada de mí misma de haber criado a un muchacho que no está dispuesto a ser disciplinado por su madre cuando hace algo mal, así que debo castigarme a mí misma", y comenzó a azotarse el brazo desnudo. Esto tocó tanto el corazón de Leland que corrió hacia su madre, se echó en sus brazos y le rogó que no se lastimara sino que lo castigara a él, pero ya no era necesario más castigo.

Leland dice que, mientras crecía, este recuerdo le ayudó a entender el gran amor del Señor Jesucristo quien voluntariamente tomó nuestro lugar en la cruz.[5]

Mantenga la meta en mente

El momento de enseñanza no es para usted. Es para sus hijos. La afirmación de Elí para Samuel era para beneficio de Samuel. Mantenga esta como su meta o el momento de enseñanza pronto se volverá disfuncional y extraño. Puede imaginarse a Elí hablando un poco consigo mismo en el cuarto trasero de esta manera: "Fantástico, realmente me sentí bien con ese momento de enseñanza. Aprendí mucho. Siempre me gusta probar mi sermón con el muchacho". Si algo como eso hubiera sucedido, Elí no hubiera sido la persona alentadora que la Escritura presenta.

El propósito del momento era para Samuel. Un ejemplo de esto fue la primera vez en que Samuel escuchó la voz de Dios. Al principio pensó que era Elí quien lo llamaba. Saltó de su cama al sonido de su nombre y corrió hacia Elí y le dijo: "Heme aquí" (1 Samuel 3:4). Sin darse cuenta de lo que estaba sucediendo, el anciano le dijo a Samuel: "Yo no he llamado; vuelve y acuéstate" (1 Samuel 3:5). Esto sucedió tres veces esa noche. En cada ocasión Samuel acudió a Elí. Después de la tercera ocasión Elí reconoció lo que estaba sucediendo. Y aprovechó el momento para un rápido momento de enseñanza. Le dijo al joven Samuel: "Ve y acuéstate; y si te llamare, dirás: Habla, Jehová, porque tu siervo oye" (1 Samuel 3:9). Samuel hizo lo que su mentor le sugirió.

Observe cómo Elí limitó sus instrucciones al asunto en cuestión. Dios estaba tratando de comunicarse con Samuel. Lo principal en este momento de enseñanza era lograr que Samuel se posicionara para escuchar la voz de Dios. Elí simplemente le dijo que debería escuchar y luego responder: "Habla, Señor, porque tu siervo oye". Elí mantuvo lo principal como lo principal. No atestó el momento con una disertación sobre escuchar la voz de Dios. El sabio líder ni siquiera trató de espantar a Samuel a que pensara que podría ser la voz de un demonio o un desorden psicológico. O que posiblemente el muchacho estaba demasiado cansado y que estaba alucinando. Elí mantuvo el momento de enseñanza sencillo y despejado. El momento era para Samuel y para nadie más. Esfuércese por hacer lo mismo con su hijo.

Mantenga el momento positivo

Los momentos de enseñanza son preciosos cuando la lección es positiva e iluminadora. De hecho, la palabra *hablar*, como es utilizada en Deuteronomio 11:19, pocas veces tiene alguna relación con el habla destructiva. Es una conversación natural; una plática que se puede disfrutar. Usted sabe que es eficaz cuando su hijo comienza a hacer preguntas y a dar realimentación. Esto demuestra que está interesado.

Una vez que estos momentos suenen como una cátedra, su hijo simplemente se desconectará y pronto comenzará a despreciar estas ocasiones. Si su voz se hace más profunda como la de Teddy, el chico de cinco años, cuando ora, le está dando la señal a su hijo: "Ahora vamos a tener un *momento de enseñanza acerca de Dios*". Una vez que él nota el cambio en su entonación, cerrará sus oídos, porque es claro para él que usted está a punto de entrar en un discurso religioso. Los momentos de enseñanza son para beneficio de su hijo. Las reprimendas espirituales lo benefician a usted.

Si usted nota que su momento especial se está convirtiendo en una cátedra, deténgase. Cambie el tema a algo más agradable. Ore acerca de ello más tarde antes de volver a sacar el tema. Pídale a Dios una estrategia e iluminación para presentarle el tema en una mejor manera a su hijo. Tomarse el tiempo necesario de bañarlo en oración es usar sabiduría y demuestra que usted cree que Dios se preocupa por el bienestar espiritual de su hijo.

Volviendo a Elí y Samuel, el anciano sacerdote tuvo éxito en generar una atmósfera en la que un muchacho como Samuel pudiera destacarse espiritualmente. Usted puede hacer lo mismo. Elí le comunicó valor e importancia al papel de Samuel. Esta perspectiva, gota a gota formó una orientación positiva con respecto a los momentos de enseñanza que le dedicó a Samuel. No me mal entienda. Elí tuvo algunos momentos fuertes con Samuel. Uno en particular fue la mañana siguiente a la que Dios le habló a Samuel por la primera vez. Elí llamó al muchacho y le preguntó: "¿Qué es la palabra que te habló?". Antes de que Samuel pudiera responder, Elí le advirtió: "Te ruego que no me la encubras; así te haga Dios y aun te añada, si me encubrieres palabra de todo lo que habló contigo" (1 Samuel 3:17).

Por favor, recuerde que Elí no disciplinó a sus malvados hijos. Y Dios estaba decidido a castigarlo por ese descarado descuido, el cual trajo un gran daño al sacerdocio y a Israel. Hablando de momentos incómodos. Este es uno de ellos, pero el sabio sacerdote le dio un giro positivo a un incidente doloroso y al parecer negativo. Después de que Samuel respondió su pregunta, Elí le dijo: "Jehová es; haga lo que bien le pareciere" (1 Samuel 3:18). ¡Qué impresionante! Imagínese; el sabio promotor tomó la profecía de su juicio inminente como un campeón. Y le mostró a Samuel cómo debería comportarse incluso frente a una represión divina.

Estas son el tipo de lecciones que no se pueden preparar de antemano. Duran toda una vida. Elí le enseñó al joven Samuel el valor de la honestidad. Y el muchacho profético se la proporcionó de vuelta cuando menos lo esperaba.

Los chicos tienen un poder increíble en lo que respecta a influenciar a los adultos. No se necesita mucho para mostrarles cómo activar este poder. En el caso de Sarah, la sencilla lección de su maestra—hacer algo pequeño—soltó una experiencia inolvidable para Sarah y para toda la gente de su iglesia. El valor de Samuel salió a la superficie a través del aliento de un anciano sacerdote. El valor percibido fue el común denominador en ambos casos: en la época bíblica y en la época actual.

Sus hijos lo buscan para que los guíe con respecto a la vida y Dios. No necesita un grado avanzado en psicología infantil para soltar el poder que está dentro de ellos. Solamente muéstreles que importan. Que tienen valor.

ACCIONES A TOMAR

El poder de los niños es muy necesario en nuestros días. Su familia se beneficiará grandemente si usted es capaz de desatar ese poder adicional. Comience donde se encuentra y no donde usted esperaría estar. Avance en la dirección correcta por medio de realizar las siguientes acciones a tomar.

- Recuerde que la sala del trono de Dios está completamente abierta a todos los súbditos de su Reino, incluso a los pequeñitos. Cambie su perspectiva mediante adoptar una que diga: ¡el poder de los niños es real!

- El poder de los niños es tan formidable como el de los adultos. De rodillas compartimos el mismo nivel de influencia delante del Todopoderoso. Tome tiempo para orar con sus hijos diariamente. Comience la conversación con la pregunta: ¿con qué te gustaría que Dios te ayudara? Luego oren juntos por este tema.

- Antes del final del día encuentre un espacio privado en el que pueda ofrecer esta oración:

Señor, ayúdame a convertirme en un mayor alentador de mis hijos. Necesito tu sabiduría para saber cómo puedo ayudarlos a desatar su poder de niños. Te pido esto en el poderoso nombre de Jesús. Amén.

Capítulo 6

AÑADA FE A SUS ORACIONES

———— ✹ ————

RECIENTEMENTE VIAJÉ A Tailandia con Compassion International. Durante un tiempo de relajación de un pesado horario de ministración visitamos un parque de elefantes donde los turistas podían dar paseos en elefante. Me sentía mareado; desde mi infancia este había sido uno de los puntos en mi lista de cosas que quería hacer antes de morir. Los elefantes eran inmensos; cada uno tenía un asiento firmemente asegurado en su lomo donde cabían dos pasajeros. Aunque era del tamaño de un pequeño sofá, el asiento era eclipsado por el inmenso paquidermo. El conductor iba sentado a pelo sobre el elefante, adelante del asiento de los pasajeros.

Tuve que subir unas escaleras de unos doce pies [3,66 m] de altura a una plataforma, con el elefante de pie junto a ella. Luego con cuidado maniobré para llegar al asiento. Una vez sentado, el operador ajustó una barra frente a mí por seguridad. Fue atemorizante. Pero di el paseo de treinta minutos, y mis fotografías le probaron a mi familia que sí monté en el lomo de un elefante.

Una vez que terminó el paseo, los adiestradores del elefante lo llevaron al establo, donde colocaron el extremo de una cuerda—de no más de dos pulgadas de diámetro—alrededor de la pierna de la bestia y luego estacaron el otro extremo en tierra. No era una cuerda metálica, sino de paja. Imagínese. Una frágil cuerda de paja amarraba a un poderoso animal a una estaca de madera en la tierra. Lo que vi me impresionó. Por medio de mi intérprete le pregunté al conductor por qué el elefante no arrancaba la estaca o rompía la cuerda y se escapaba. La respuesta fue igual de impactante. El conductor me dijo que el proceso de la cuerda de paja se usa en los elefantes desde chicos. De pequeños los elefantes no tienen la fuerza para escapar, sin importar lo fuerte que tiren. Con el tiempo comienzan a creer que no tienen otra opción sino vivir con esta restricción.

Un elefante macho está tan convencido de su cautiverio que incluso cuando madura completamente, y llega a pesar más de quince mil libras [6,8 t], no va a intentar liberarse de la frágil cuerda. Creo que el mismo principio es cierto con nuestros hijos. Si aprenden el principio de mezclar la fe con sus oraciones, cuando sean adultos todavía van a orar de esa manera. Las Escrituras declaran: "Y la oración de fe salvará al enfermo, y el Señor lo levantará; y si hubiere cometido pecados, le serán perdonados" (Santiago 5:15).

Según Santiago, Dios responde a la fe. Es movido por la fe. Esto no es un misterio. No tenemos que buscar alguna fórmula secreta que haga que Dios responda a nuestras oraciones. Se nos ha dicho: ¡La fe mueve a Dios!

De hecho, la Biblia enseña en otra parte: "Pero sin fe es imposible agradar a Dios; porque es necesario que el que se acerca a Dios crea que le hay, y que es galardonador de los que le buscan" (Hebreos 11:6). La fe significa tener una confianza valiente en Dios. La fe no tiene que ser gigantesca o venir empacada en el cuerpo de un adulto para que sea potente. Como Jesús enseñó, puede ser tan pequeña como una "semilla de mostaza" (Mateo 17:20) y aun así mover a Dios. Una semilla de mostaza tiene el tamaño aproximado de la punta de un bolígrafo. Eso es muy pequeño. Sin embargo al mezclarse con nuestras oraciones, el resultado es inmenso. San Agustín, un teólogo del siglo III, dijo: "La fe es creer lo que uno no ve; la recompensa de la fe es ver lo que uno cree".[1]

Tome en cuenta cuatro cosas cuando trate de inculcarle a su hijo el papel de la fe y la oración. Cada uno es simple. Pero al ser empacados juntos, su hijo podrá activar el poder que tiene como niño.

1. La fe proviene de la relación.

2. La expectación activa la fe.

3. La fe requiere enfoque.

4. La paciencia es amiga de la fe.

LA FE PROVIENE DE LA RELACIÓN

No puede tener fe en Dios sin una buena relación con Él. Aunque esto suena básico, muchos cristianos ignoran esta verdad. Quieren la ayuda de Dios, pero no quieren tomarse el tiempo de desarrollar una relación fuerte con Él. Dios quiere una relación con usted, porque en una manera similar a usted, desea ser amado. Jesús enseñó: "'Ama al Señor tu Dios con todo tu corazón, con todo tu ser, con todas tus fuerzas y con toda tu mente', y: 'Ama a tu prójimo como a ti mismo'" (Lucas 10:27, NVI). Este es el más grande mandamiento dado por Dios porque representa lo más grande que alguna vez podremos hacer: amar y servir al Señor. ¡La fe está fundada sobre esta premisa!

Imagínese que usted y yo fuéramos vecinos, pero cada vez que lo viera pocas veces me tomara el tiempo de preguntarle: "¿Cómo está su esposa? ¿Cómo están los niños?". O que nos encontráramos en el supermercado del vecindario y con mi lenguaje corporal le dijera: "No tengo tiempo de conversar", y luego usted me viera en el pasillo siguiente tomarme el tiempo de hablar con un completo extraño.

¿Cómo se sentiría si después de básicamente ignorarlo diariamente con frecuencia le pidiera prestada su podadora o una taza de azúcar? Usted se sentiría usado y que me estoy aprovechando de usted. ¿Correcto?

Así es cómo algunos de nosotros nos relacionamos con Dios: toda nuestra relación con Él es unilateral. La fe *no* se desarrolla sobre pedirle su ayuda a Dios solamente cuando la necesitamos. Se edifica sobre la confianza que desarrollamos a lo largo de una relación probada por el tiempo. Necesitamos pasar tiempo con Dios a través de la lectura de la Biblia, de adorarlo en privado (y públicamente), e incluso registrando en nuestro diario nuestros sentimientos y pensamientos acerca de Él. Estas acciones ayudan a alimentar nuestra relación con el Señor. Por experiencia el salmista David pudo escribir: "Deléitate asimismo en Jehová, y él te concederá las peticiones de tu corazón" (Salmo 37:4). Cuando usted se deleita en alguien, usted quiere pasar tanto tiempo con ellos como sea posible.

Usted puede ser ejemplo de esto para sus hijos al tener un tiempo devocional diario. Cuando le pregunten: "¿Por qué lees tu Biblia todos los días y cantas canciones de adoración que escuchamos los domingos?". Dígales. Ellos necesitan saber que Dios quiere que usted hable con Él porque lo ama y no solo cuando quiere obtener algo de Él. Ajuste la conversación a un vocabulario apropiado a su edad. Pregunte algo como: "¿Cómo te sentirías si tu amiga Debbie solamente te escribiera cuando quisiera pedirte algo prestado?".

No permita que la oportunidad le pase de largo. Hay toneladas de maneras de ilustrar que la fe crece a partir de la relación. Utilice su propia relación con Dios como la fuente para la lección. Su hijo lo conoce. Ellos conocen su autenticidad y sinceridad. Se han beneficiado de su honestidad. Sus palabras llevan un peso tremendo. Su hijo también conoce algunas de sus luchas y muchas de sus necesidades. Explique cómo su relación con Dios le da confianza para acercarse a Él con peticiones valientes. Luego hable acerca de cómo ha respondido oraciones en el pasado.

No ignore sus preguntas reales. Por ejemplo, mis hijas algunas veces me preguntaron: "¿Qué sucede cuando Dios no responde una de tus oraciones? ¿Qué haces?". Yo les decía: "No sé por qué Dios no responde mi oración". Teológicamente esto es llamado una apelación al misterio. Pero a su hijo eso no le importa. Lo que le importa es esto: "Dios piensa en una manera distinta a mí. Tiene razones que son demasiado complicadas para que mi pequeña mente las pueda comprender por completo. Pero como amo tanto a Dios, no estoy enojado con Él. Y como Dios me ama tanto, sé que todo obrará para mi bien". Su honestidad será refrescante.

Hace años una publicación en *The New Yorker* sobre el multimillonario Ted Turner informó que de adolescente Ted Turner era religioso. Que incluso quería ser misionero. Entonces su hermana menor enfermó gravemente. Él tenía quince años cuando Mary Jane, quien tenía doce en ese entonces, contrajo una forma de lupus que ataca los tejidos del cuerpo y el sistema inmune. Devastada por el dolor, vomitaba constantemente. Turner le dijo al reportero que sus gritos llenaban la casa. Ted solía llegar a casa a sostener su mano, tratando de consolarla. Él oraba por su recuperación; ella oraba por morirse. Después de años de sufrimiento ella murió y Ted perdió su fe. "Me enseñaron que Dios era amor y que Dios era poderoso —dijo—, y yo no podía entender como alguien tan inocente pudiera ser sometida a tanto sufrimiento o que se le permitiera padecer así".[2]

La teología de Turner tenía agujeros. No se le enseñó qué hacer cuando nuestras oraciones no son respondidas.

No permita que sus hijos caigan víctimas de una pérdida de fe. Podrían no recuperarse jamás. Sea honesto. La honestidad es la prueba de una relación fuerte, emocionalmente sana.

Una madre que trabajaba desde casa se enorgullecía de su imagen profesional. Una clave para esa imagen era su saludo en su correo de voz, que con frecuencia era el primer contacto de un cliente con ella. Ella dijo: "Me esforcé por hacerlo sonar positivo y entusiasta, y pensé que había tenido éxito hasta que una amiga me dejó este mensaje: 'Judy, soy Pam. Me encanta tu saludo, pero ¿sabías que se escucha a tu hijo en el fondo diciendo: Mami, tengo que ir al baño'?".[3]

Sea honesto, a pesar de que la honestidad sea vergonzosa. Esto probará ser invaluable para la formación espiritual de su hijo.

LA EXPECTACIÓN ACTIVA LA FE

En su libro, *Más allá de Jabes*, Bruce Wilkinson comparte la historia de una anciana africana quien demostró fe en el poder de Dios para proveer. Aunque vivía en una pequeña choza de barro, había recibido a cincuenta y seis huérfanos.

Un pequeño grupo de voluntarios del ministerio de Wilkinson, "Dream for Africa", habían llegado a la Suazilandia de esta anciana para sembrar huertos. El último día de su visita, llegaron a su pequeña casa, rodeados de muchos de los pequeños niños bajo su cuidado. Habían hecho el barbecho para pequeños huertos alrededor de la choza, pero lo interesante era que no había plantas creciendo en ninguno de ellos.

Los voluntarios se enteraron de que temprano ese mismo día, la mujer les había dicho a los niños que cavaran muchos huertos. Cuando los niños le preguntaron por qué—ya que no tenían ni semillas ni dinero—ella respondió: "Anoche le pedí a Dios que enviara a alguien a que plantara huertos para nosotros. Y deben estar listos para ellos cuando lleguen".

Los voluntarios de Wilkinson habían venido con cientos de plantas de vivero listas para ser sembradas. Dios los envió justo al lugar donde una de sus siervas había rogado por la intervención de su mano. La fiel anciana y sus hijos estaban listos cuando la respuesta llegó.[4]

La mujer les había enseñado a sus hijos que "expectativa" se escribe con dos letras: "F-E". Su fe en Dios la movió a actuar.

Tener expectativa cambia su comportamiento y punto de vista. Tome este ejemplo: Una noche Kari estaba trabajando como niñera y le estaba costando mucho trabajo lograr que los tres niños a su cuidado se acostaran a dormir. Sus padres, que habían salido en una cita esa noche, los querían dormidos para las 8:00 p.m. Eran ya las 7:45, y ni siquiera el chico de seis años estaba escuchando; la niña estaba corriendo alrededor como si estuviera en el parque. Los niños eran muy inquietos, por decir lo menos. En un momento de desesperación la niñera les dijo: "Si ustedes están en cama y se duermen antes de las ocho, sus padres prometieron darles un perrito mañana". De inmediato todos saltaron a lavarse los dientes, ponerse el pijama y acostarse a dormir. En el momento en que sus pequeñas cabezas tocaron la almohada se quedaron profundamente dormidos.

Cuando los padres regresaron a casa alrededor de las 10:30 p.m., la niñera se fue a su coche pensando: *Ya aclararán las cosas en la mañana.*

La expectativa es una fuerza que controla. Su dominio sobre el comportamiento humano incluso ha motivado investigaciones científicas. El Dr. Blair Justice, profesor de psicología de la Universidad de Texas, escribe: "¿Qué hace que las palabras sean tan poderosas que pueden cambiar estructuras moleculares?". El cuerpo y la mente no se pueden separar. Cuando creemos fuertemente que una píldora, procedimiento o cualquier otro tipo de intervención en nuestros problemas nos ayudará, la mayoría de nosotros experimentamos cambios psicológicos conocidos como respuesta placebo".[5]

Si los placebos han demostrado producir una respuesta positiva en el cuerpo, ¿cuánto más no podrán hacerlo nuestras expectativas positivas y nuestra fe en Dios? Él cree en usted. Él cree en sus hijos. De hecho, Dios orgullosamente proclama: "Porque yo sé muy bien los planes que tengo para ustedes —afirma el Señor—, planes de bienestar y no de calamidad, a fin de darles un futuro y una esperanza" (Jeremías 29:11, NVI). Dios tiene planes para *sus* hijos. Estos planes son positivos y llenos de propósito. A medida que usted comparta estas verdades con su pequeño, ayudará a hacer crecer su confianza y expectativa en Dios.

LA FE REQUIERE ENFOQUE

Como la fe proclama una valiente confianza en Dios, la lealtad de su hijo no debe estar dividida. La fe requiere enfoque. Como instruye Hebreos 11:6: "[Dios] es galardonador de los que le buscan". Los buscadores sinceros de Dios son los que son diligentes. No permiten que el dolor, la incomodidad o incluso las oportunidades los alejen del asunto en cuestión. El interés de la oración de su hijo es donde se requiere enfoque.

¿Realmente lo quieres?

Antes de que su hijo pida algo, ayúdelo a enfocarse conversando primero con él. Pregúntele: "*¿Realmente quieres que Dios haga eso?* Si es así, entonces *deberías* orar. Incluso yo puedo orar contigo. Si no estás seguro, entonces *no* oremos por eso". Este tipo de conversación ayuda a su hijo a determinar su nivel de compromiso con lo que está buscando. El verdadero enfoque viene cuando hay un interés alto y sostenido. Como pastor enfrento las mismas circunstancias con algunos de mis miembros adultos.

Recuerdo que hace unos años se me acercó una mujer pidiendo oración. Cuando le pregunté qué quería que Dios hiciera por ella, respondió: "Quiero que Dios me ayude a abrir mi propio negocio de lavado de coches". Antes de estar de acuerdo en orar con ella, le pregunté: "¿Sabes cuánto costaría abrir el tipo de lavado de coches que tienes en mente?". Como un ciervo atrapado entre las luces de un coche, se me quedó viendo y luego musitó:

—No, no lo sé.

—Investiga un poco y si todavía quieres que ore contigo, tendré el gusto de hacerlo la próxima semana después del servicio —le respondí.

La vi a la semana siguiente, y por pura curiosidad le di seguimiento. Su respuesta fue: "El lavado de coches en el que estaba pensando es demasiado caro. Decidí no hacerlo. Discúlpeme. Ya no necesito oración". Y nos despedimos.

Con mucha frecuencia la gente ora a la ligera por cosas sin un contexto real o sin un fuerte apego a su cumplimiento. No permita que su hijo caiga en la trampa de orar negligentemente. Ayúdelo a sondear su corazón con respecto a su petición de oración. No exagere. Recuerde que el objetivo en este caso no es interrogarlos o juzgar sus deseos, sino simplemente ayudar a su hijo a que entienda que la fe debe ir acompañada de un sentir real de enfoque.

Los niños son propensos a las distracciones

Los niños vienen con pequeñas mentes y corazones que saltan de una cosa a la otra. Usted no querrá forzarlos a que se comporten como adultos demasiado pronto. Su hijo merece la libertad de ser un niño; no obstante, un niño responsable. Pero un niño responsable sigue siendo un niño. Samuel el profeta era un niño responsable; sin embargo, Elí tuvo que entrenarlo para que se mantuviera enfocado y que escuchara nuevamente la voz del Señor (1 Samuel 3:8–10). En una manera similar usted necesita entrenar a su hijo por medio de la afirmación y de formas de disciplina amorosa, además de enseñarle el valor de permanecer enfocado en alcanzar sus sueños. El enfoque es esencial para la oración basada en la fe. Estas son el tipo de oraciones que aseguran respuestas y obtienen las bendiciones de Dios.

Melissa Larsen trabaja para la altamente entrenada Unidad de Detección de Explosivos K-9 de la Boeing Company. Ella entrena perros para detectar explosivos con el fin de mantener la seguridad del transporte aéreo. Algunos perros pueden distinguir aproximadamente veinte mil compuestos explosivos. Cuando encuentran un explosivo se sientan y enfocan la mirada. Lo fascinante es que varios de estos perros son perros de rescate que Melissa encontró en refugios. Estos refugios están llenos de los desechos de la sociedad: perros que terminaron allí porque son difíciles en algún aspecto. "Ya sabe que hay muchas razas de caza por ahí que son desechadas en los refugios, y suele ser porque son demasiado activos, estresados y obsesivos, que es exactamente lo que me gusta", dijo Larsen.

Larsen busca perros con un fuerte sentido del olfato e instinto de caza. Estos perros son altamente enfocados, pero todavía altamente susceptibles a ser entrenados. Así que comienza su investigación caminando entre las jaulas y de vez en vez haciendo rebotar una pelota de tenis mientras alegremente les grita a los perros: "¿Qué es esto?". *Rebota, rebota, rebota.* "Oye, amigo, ¿qué es esto?", les dice. La mayoría de los perros solamente muestra un breve interés, pero ocasionalmente hay un perro que se vuelve hiperenfocado en la pelota. Ese perro recibe una segunda mirada por parte de Larsen.

Hace que el perro huela bien la pelota de tenis antes de llevársela a un patio exterior, donde mete la pelota en una malla ciclónica.

Larsen está buscando perros que los consuma el deseo por encontrar la pelota. Ponen a funcionar su poderoso sentido del olfato y se rehúsan a detenerse hasta que la localizan. Los perros seleccionados entran a un programa de entrenamiento de diez semanas para detectar explosivos y bombas. El programa comienza por medio de presentarle a los perros la inmensa variedad de aromas de los explosivos. "Se hace por medio de permitirle a los perros que olfateen una serie de envases. Solamente uno contiene una pequeña cantidad de explosivos plantados en él con el propósito del entrenamiento. Cuando el perro 'encuentra' el envase correcto, obtiene una recompensa. La recompensa casi siempre es una pelota de tenis. Pronto el perro aprende que encontrar una 'bomba' equivale a encontrar la pelota". Un perro de rescate sostuvo la mirada más de veinte minutos hasta que recibió su recompensa. ¡Esto es verdadera concentración![6]

El valor del enfoque en la activación de la fe de su hijo es mucho más poderoso. La razón por la que muchos cristianos del primer siglo fueron martirizados fue porque estaban enfocados en Dios. Adoraban a Jesús como Dios y adoraban solamente al Dios infinito personal. Esto era traición, porque los césares no podían tolerar la adoración de un solo Dios. Su adoración se convirtió en una amenaza especial a la unidad del estado durante el tercer siglo y durante el reinado de

Diocleciano.[7] Ayudar a desarrollar un profundo sentido de enfoque en sus hijos los hará más valientes en su fe. El enfoque es invaluable para cada dimensión de la vida incluyendo nuestra vida de oración. La liberación de las bendiciones de Dios como respuesta a su oración de fe, vale la pena.

LA PACIENCIA ES AMIGA DE LA FE

Cuando el exsenador de Arkansas, David Pryor, era adolescente trabajó como auxiliar en el Congreso. Amaba tanto su trabajo que hizo el voto de algún día regresar como miembro del Congreso. Para reforzar su visión escondió una moneda en una grieta detrás de una estatua en el Capitolio, con la intención de recuperarla cuando tuviera éxito. Quince años después, ya siendo un miembro recién electo de la Casa de Representantes, hizo justo eso. Pryor dijo que esto prueba dos cosas: una, que los sueños de la juventud nunca deben ser subestimados; y dos que no limpian el Capitolio muy bien que digamos.[8] David Pryor fue paciente. Aplicó la fe para ver que su sueño se hiciera realidad. Le tomó quince años, durante los cuales creció pasando por sus años de adolescencia, universidad y más. No obstante, es ejemplo de que la paciencia es inseparable de la fe.

Alinee su vida con lo divino

Usted ha orado en fe. ¿Ahora qué? ¿Cómo tratar con el periodo de espera? Yo le llamo a esos periodos "demoras divinas". Su sueño está en el corazón de Dios, pero Él no está permitiendo que se materialice en este momento.

Nadie controla a Dios o su tiempo. Solamente podemos controlarnos a nosotros mismos. Durante estos tiempos usted debe ser paciente. Toma tiempo aprender paciencia. Como usted se controla a sí mismo, usted puede trabajar para alinear aspectos de su vida con los estándares morales de Dios.

No permita que la impaciencia lo lleve a caer en una trampa moral. Una vida manchada tendrá consecuencias importantes. En 1999 cuando Ronald F. Thiemann, un teólogo luterano, de pronto renunció a su puesto como decano de la Facultad de Divinidad de Harvard, dijo que era por "razones profesionales y personales". *The Boston Globe* sacó a la luz la verdad. Reportaron que había sido forzado a renunciar después de que el departamento de informática encontró miles de imágenes pornográficas en la computadora de su casa propiedad de la universidad. El Dr. Thiemann le había pedido a los muchachos de informática que le instalaran un disco duro más grande y que transfirieran el contenido del viejo disco duro al nuevo.[9] ¡La integridad importa! ¡Vivir sin mancha es poderoso! La falta de integridad hace que los sueños demorados se conviertan en sueños descarrilados. ¡El pecado afecta su futuro! Esto es cierto incluso con los niños.

La alineación divina significa que usted no se le está adelantando a Dios. Y que no está detrás de Él. Al vivir en obediencia a las leyes de Dios, camina lado a lado con Él. Esto honra a Dios. Usted también está alineando su vida con sus estándares. Esta es la manera en la que usted se posiciona mejor para las bendiciones por las que ha estado orando y que ha estado esperando. Cuando ayuda a sus hijos a comprender estas verdades los ayuda a madurar en una manera integral.

Mantenga la actitud correcta

Esperar en Dios no es excusa para caminar por ahí con una mala actitud. Enséñele a su hijo a permanecer enfocado en las promesas de Dios. Está bien desanimarse, pero no está bien dejar que eso eche a perder su actitud. La gente nos recordará por nuestra actitud; buena o mala. Mientras esté flotando en este espacio de demoras divinas mantenga su actitud agradable, humilde y semejante a la de Cristo.

Nuevamente, usted no puede apresurar, presionar o controlar a Dios. Solo lo puede amar mientras busca controlarse a sí mismo. Su amor y obediencia lo ayuda a evitar buscar atajos poco santos o humanos que solamente llevan al dolor y a la frustración.

Camine con seguridad

Aun y cuando le añada fe a las oraciones, la posibilidad de demoras divinas sigue siendo inevitable. Estas demoras nos ayudan a ver la relación entre la paciencia y la fe. Con frecuencia son amigos inseparables. Cuando estoy esperando en Dios constantemente recuerdo este punto: Dios es quien prometió bendecirme y Él ha hecho planes para mí.

Por lo tanto, yo lleno mi boca de alabanza, ofreciendo acciones de gracias a Dios, porque el sabe lo que es mejor para mí. Como no hay nada que yo pueda hacer, aprendo a descansar en su fidelidad. Esta es la seguridad que tenemos en Cristo.

Hace años, durante la transmisión del popular programa de radio, *Enfoque a la Familia*, se puso al aire un episodio especial con llamadas de los radioescuchas para el Día Nacional de Oración. A los radioescuchas se les invitó a llamar y compartir algunas de sus historias de oraciones respondidas. Una de las que llamó compartió:

> Hola, mi nombre es Cathy y estoy llamando desde Green Bay, Wisconsin. Creo que algunas de las respuestas de oración más emocionantes son las que presencian nuestros hijos. En cierta ocasión, viajando con mis dos hijos, nos detuvimos para estirar las piernas y cuando volvimos al coche no encendía. Estábamos a tres horas de casa y a dos horas de nuestro destino y no conocíamos a nadie donde estábamos.
>
> Después de tratar de encender el coche varias veces más, voltee a ver a mi hijo mayor, Tim, quien tenía cinco años en esa época, y le dije: "Necesitamos orar y pedirle a Dios que haga que nuestro corche encienda". Después de orar, miré a Tim y le dije: "Bueno, aquí vamos". ¿Creerá que el coche encendió en el primer intento? Me gustaría que hubieran visto la mirada de sorpresa y maravilla en la cara de mis hijos. Gracias a esa lección objetiva del cielo, nunca olvidarán que Dios realmente escucha y responde nuestra oraciones. Sea por algo sumamente importante o tan sencillo como hacer que un coche encienda.[10]

Son las cosas ordinarias de la vida las que nos ayudarán a desarrollar la fe de nuestros hijos. Lo animo a que en ocasiones ore con sus hijos e incluso frente a ellos. Su fe será estimulada al ver manifestarse los milagros de Dios justo delante de sus ojos. Cuando ore, recuerde orar en fe.

La fe no se trata de ver o ni siquiera de tener todas las respuestas alrededor de la necesidad. Fe es tener una confianza implícita en las habilidades de Dios. Por ejemplo, una noche una casa comenzó a incendiarse y un muchachito se vio forzado a subir al techo. Su papá estaba en el piso debajo de él con los brazos extendidos gritándole: "¡Hijo, salta! Te voy a atrapar". Sabía que el muchacho tenía que saltar para salvar su vida. No obstante, todo lo que el niño podía ver eran las llamas, el humo y negrura. El muchacho estaba congelado de miedo.

El pensamiento de saltar del techo era paralizante. Sin embargo, su papá seguía animándolo a confiar en él y a saltar. Su padre seguía gritando:

—¡Salta! Te voy a atrapar.

Pero el muchacho se quejó:

—Papi, no te puedo ver.

—Pero yo puedo verte y eso es todo lo que importa— respondió el papá.

El niño actuó sobre su confianza en su papá y saltó a sus brazos. Esto es lo que Dios le está pidiendo que le enseñe a sus hijos que hagan. Saltar a los brazos de Dios.

Esta historia resume el punto: orar sin fe no tiene poder. ¡Sin fe es imposible agradar a Dios y es imposible mover a Dios!

ACCIONES A TOMAR

La fe es un regalo extraordinario de parte de Dios. Úselo a menudo. A medida que crezca en fe, su fe en Dios con toda seguridad crecerá. Están conectadas. No limite sus peticiones de oración a cosas pequeñas. Usted debe ser valiente cuando venga delante del rey. Recordemos algunas de nuestras lecciones de este capítulo.

1. Sin fe usted no puede agradar a Dios.

2. No puede demostrar fe en Dios sin tener una buena relación con Él. No se pueden tener una sin la otra.

3. Antes de hacer una oración en fe, usted debe preguntarse: ¿realmente quiero la bendición por la que estoy a punto de orar? Después de un poco de reflexión cuidadosa y una confianza genuina para pedir lo que está buscando, haga esta oración:

Dios todopoderoso, he rehuido hacer esta petición. Pero hoy estoy bastante seguro de que quiero ver esta bendición manifestarse por completo. En tu bondad, te pido que me bendigas con _____. Te pido esto en el nombre de Jesús. Amén.

Capítulo 7

ORE POR EL SUEÑO DE DIOS PARA SU HIJO

——— ✷ ———

J ENNIFER KEMPTON SE convirtió en víctima de trata sexual. Tal y como lo informó CNN.com, vio y experimentó lo peor de la gente. No obstantc, finalmente fue liberada de una vida de esclavitud sexual y adicción. Kempton fue violada cuando tenía doce años por un conocido; ese trauma fue el inicio de su vida por el sendero oscuro. Las drogas se convirtieron en la única manera en que podía enfrentar el dolor. La prostitución pronto financió su consumo de drogas.

Kempton pasó más de cinco años en las calles, soportando repetidas palizas y teniendo sexo con cientos de hombres. Después de un violento ataque de violación en 2013—el peor que hubiera sufrido—Kempton decidió que había tenido suficiente de las dificultades de la vida.

"Se puso un nudo corredizo alrededor del cuello [...] La cuerda se rompió y en ese momento encontró una razón para vivir. 'Dios vino a mí y habló conmigo y me dijo:

Tengo un propósito para ti y no es morir en el sótano de una casa de crack', dijo Kempton".[1] Esta experiencia la llevó a nacer de nuevo.

Pero cuatro tatuajes en su cuerpo eran los recordatorios diarios de su vida antes de Cristo. "Ella había sido marcada por sus exproxenetas. 'Marcar' es cuando un proxeneta tatúa a una mujer con una marca para significar que es de *su* propiedad; como ganado".[2] Uno de los tatuajes estaba sobre su muslo y decía: "Propiedad de Salem". Salem era el nombre de su proxeneta. A través del trabajo creativo de un talentoso artista del tatuaje pudo lograr transformar los tatuajes. Ahora uno de ellos dice, en parte: "1 Cor. 13". El cuarto versículo de 1 Corintios 13 dice: "El amor es paciente, es bondadoso. El amor no es envidioso ni jactancioso ni orgulloso" (NVI). El amor redentor de Dios se convirtió en el versículo de su vida.

Kempton más tarde lanzó su propio negocio llamado Survivor's Ink. Trabaja con varios artistas del tatuaje para rediseñar los tatuajes que los proxenetas marcaron en las mujeres que antes tenían en cautiverio en la industria del tráfico sexual.

Imagínese escuchar la voz de Dios mientras tiene una cuerda alrededor del cuello. La voz de Dios no era de condenación. Le estaba dejando saber que Él tenía un sueño para ella. Si Dios puede tener un sueño para Jennifer, eso significa que Él tiene un sueño para su hijo también. Él tiene un sueño para toda su creación y para todos nuestros hijos.

Si usted va a criar a sus hijos para orar, debe comunicarles una y otra vez: "¡Dios tiene un sueño para ti!". Recuérdeles los planes que Él expresó en Jeremías 29:11: "Planes de bienestar y no de calamidad, a fin de darles un futuro y una esperanza". Sin importar si son jóvenes e inocentes o si tienen heridas y cicatrices para mostrar sus malas decisiones o su victimización, Dios todavía tiene un plan para ellos. ¡Eso es un hecho!

Hay dos cosas que se deben hacer para ver que el sueño de Dios se haga realidad para su hijo. Primero, ore las promesas de Dios. Segundo, lleve a cabo acciones valientes conforme a la voluntad de Dios. Ambas son necesarias. Una sin la otra llevará al desastre. La oración por sí sola llevará a la trampa—una en la que muchos quedan atrapados—de que se supone que Dios hace todo sin su colaboración. Si decide tomar acción sin oración, su acción será dirigida por usted mismo y carecerá dirección divina. Esto también lleva a la desesperanza y el desaliento.

Un viejo escocés operaba un pequeño bote de remos para transportar pasajeros. Un día, un pasajero notó que en un remo, el agradable anciano había grabado la palabra "Oración", y en el otro la palabra "Acción". Por pura curiosidad le preguntó qué significaban las marcas. El anciano, un cristiano equilibrado, contento por la oportunidad de compartir su fe, dijo: "Le voy a mostrar".

Entonces, soltó un remo y empleó el que se llamaba Acción; el bote comenzó a ir en círculos. Luego soltó ese remo y comenzó a utilizar el remo llamado Oración, y el pequeño bote volvió a avanzar en círculos; esta vez en la dirección contraria, pero seguía en círculos sin ir a ninguna parte.

Después de esta demostración el anciano tomó Oración y Acción. Con ambos remos juntos, avanzó rápidamente sobre el agua y le explicó a su pasajero: "Ve, así es en la vida cristiana. Las obras muertas (o la acción) sin oración son inútiles, y la oración sin acción no lo lleva a ningún lado. Pero la oración y la acción actuando juntas logran avances y cumplir con el sueño de Dios para su vida".

Permítame mostrarle cómo usar los dos remos. Luego usted podrá criar a sus hijos para que hagan lo mismo. Esto les ayudará a realizar el sueño de Dios para su vida.

ORE LAS PROMESAS DE DIOS

¡Las promesas de Dios son poderosas! No están atadas por las limitaciones humanas. Representan la visión de Dios de su futuro. Reflejan su compasión y cuidado por usted. Sus promesas son tan permanentes y relevantes como sus leyes y mandamientos. Nunca se desvanecen ni pasan de moda.

Sus promesas son tan confiables como su carácter. William Carey, el legendario misionero a la India dijo que "el futuro es tan brillante como las promesas de Dios".[3] Matthew Henry, el gran erudito bíblico, una vez observó que las promesa de Dios "deben ser nuestros ruegos en la oración".[4] Por eso es que cuando se apodera de las promesas de Dios al orar realmente se está sosteniendo de Dios. Sus promesas son su mano extendida hacia usted.

La promesa corresponde con su necesidad

Las promesas bíblicas responden al vasto océano de las necesidades humanas. Ayude a su hijo a encontrar una promesa que corresponda con su circunstancia y luego úsela como una guía de oración. La promesa comunica lo que Dios hizo por otro que enfrentó una circunstancia similar. Eso impulsará su fe y confianza en la habilidad de Dios. La promesa también dice lo que Dios puede hacer cuando alguien camina en obediencia a su Palabra durante momentos de dificultad.

Si su hijo está enfrentando un problema financiero que usted no puede suplir, se encuentra una promesa excelente en Filipenses 4:19 que dice: "Así que mi Dios les proveerá de todo lo que necesiten, conforme a las gloriosas riquezas que tiene en Cristo Jesús" (NVI). La manera en que puede orar este versículo es por medio de desempacar las dos seguridades que ofrece:

1. Dios suplirá *mis* necesidades.

2. Conforme a las gloriosas riquezas que tiene en Cristo Jesús.

Su oración puede ser semejante a esto:

Querido Dios: Mi necesidad financiera es abrumadora, pero confío en ti. Te pido que obres un milagro de provisión para mí y mi familia. Que este milagro traiga gloria a tu nombre. ¡Que la gente sea traída más cerca de Jesús a través de este milagro! Usa

mi necesidad como una herramienta para
testificar de tu gran amor y generosidad. Te
lo pido en el poderoso nombre de Jesús. Amén.

Si su hijo necesita *conocimiento y sabiduría*, como suelen hacerlo a causa del rigor de la escuela y las fuertes presiones sociales, entonces obtenga fuerza de esta promesa:

> Clama a mí, y yo te responderé, y te enseñaré cosas grandes y ocultas que tú no conoces.
>
> —JEREMÍAS 33:3

Hay tres seguridades en esta promesa que iluminan la manera en cómo puede orar por sabiduría y conocimiento:

1. "Señor, abre mis ojos y mi mente para que pueda ver y entender cosas grandes y ocultas con respecto a mi familia, mi trabajo escolar y cómo puedo entender mejor a mi profesor".

2. "Señor, ayúdame a distinguir las cosas grandes y ocultas de mis propios pensamientos. Dame el conocimiento que necesito para tomar las decisiones sabias, sin importar su dificultad".

3. "Dios, tú prometiste responder cuando yo clamara a ti. Concédeme la sensibilidad para escuchar tu voz y la valentía para obedecerla".

La promesa vale la pena la espera

Algunas de las promesas de Dios suceden rápidamente, mientras que otras podrían tomar toda una vida. Sin importar el periodo de gestación, todas valen la pena la espera. Cuando Jesús le dijo a sus discípulos acerca del regalo prometido del bautismo en el Espíritu Santo (Hechos 1:3–5), les dijo que esperaran esta experiencia en Jerusalén. No tenían idea de cuánto iban a esperar, pero sabían que no se querían perder lo que Dios les había prometido. En diez días la promesa se cumplió. A pesar de que el cumplimiento se tomó más de diez días, esos discípulos estaban tan hambrientos por las promesas de Dios que habrían esperado por siempre. Necesitamos la misma actitud con todas las promesas de Dios.

En *Heroes of the Holy Life* [Héroes de la vida santa] Wesley Duewel escribe: "Danos una mayor hambre, Señor, que la que hemos conocido. Ayúdanos a esperar en unanimidad hasta que se muestre tu poder. Mantennos, a tus hijos, en nuestras rodillas buscándote con ruegos poderosos hasta que ríos de bendiciones como los mares barran sobre todos los tuyos".[5] Para permanecer fiel mientras espera, comience a memorizar la Escritura. Después de un tiempo comenzará a sorprenderse a usted mismo confesando las poderosas promesas de Dios frente a las pruebas.

Estas promesas se convertirán en parte de su vida. Lo forzarán a adoptar la práctica de Charles Spurgeon quien una vez dijo que nunca dejaba atrás una promesa hasta recibirla, simplemente meditando en ella hasta que su fruto cayera en su mano. Spurgeon estaba contemplando la belleza y la bendición inherentes a la promesa. No podía verse a sí mismo viviendo sin ella. ¡Dios se lo prometió! No podía dejarlo por la paz. Usted debe llegar a la misma conclusión. Luche por la promesa. ¡Dios le prometió esta bendición! Martín Lutero, el gran reformador, tomó una perspectiva similar. Dijo que cuando se tomaba de una promesa, la veía como un árbol frutal, el cual sacudía hasta que el fruto caía.

Estos campeones espirituales eran personas ordinarias como usted y como yo. Lo que les permitió dejar una marca en la historia es que se atrevieron a creerle a Dios. Derrotaron la duda a través de enfrentarla directamente. ¡Usted puede hacer lo mismo!

Realice una acción valiente

Cuando usted ore las promesas de Dios también debe *realizar una acción valiente*. No puede rendirse a la noción de: "Si Dios quiere que suceda, sucederá. Si debía ser, será". Este tipo de mentalidad fatalista frustra la fe y el progreso real. Incluso los intercesores algunas veces caen en ese tipo de razonamiento entumecedor. Oran y oran, pero nunca actúan.

David no operó en esta manera cuando supo que Dios tenía un sueño para él. Cuando David era adolescente, Samuel, el venerado profeta, profetizó que David, y no Saúl (el rey actual), sería el rey de Israel. La profecía era la manera de Dios de hacerle saber a David que tenía un sueño para él (1 Samuel 16:11–13). ¿Quién habría pensado que el hijo de un pastor se convertiría en rey de una nación? Solo Dios.

Aproveche las oportunidades dadas por Dios

Sin importar toda la oración que hiciera, no había manera en que la profecía de Samuel sobre David fuera a cumplirse sin algún tipo de obra importante en lo natural. Tenía que haber oportunidades divinas que David aprovechara. Cuando las aprovechó, se convirtieron en escalones que llevaron a hacer realidad el sueño de Dios. Eso es exactamente lo que sucedió. El joven David aprovechó las oportunidades divinas que vinieron a su camino.

La primera llegó en medio de un mandado ordinario. Su papá le pidió que entregará un paquete de refuerzo a sus tres hermanos mayores, soldados del ejército de Saúl (1 Samuel 17:12–19). Estaban peleando contra los filisteos. Para la sorpresa de David, cuando llegó donde estaba desplegado el ejército, los soldados solamente estaban pasando el tiempo juntos. Nadie estaba peleando. Eso era porque Goliat, un filisteo de más de nueve pies [2,74 m] de altura, estaba ofreciendo un desafío que nadie quería tomar (1 Samuel 17:4–11). Durante cuarenta días consecutivos había hecho una propuesta simple al ejército israelita. Déjeme resumirlo para usted. Goliat gritó: "Si uno de ustedes me mata, nuestra nación será esclava de ustedes. Pero si yo mato a su guerrero, los judíos serán nuestros esclavos".

Con un atisbo de la fuerza masiva de Goliat los soldados retrocedían en temor. David decidió ponerse a la altura de la circunstancia. Este popular relato bíblico muestra que David mató a Goliat con su honda. No obstante, la historia subyacente muestra cómo funcionan las oportunidades divinas. Los miles de soldados judíos no podían ver una oportunidad de parte de Dios. Estaban paralizados por el tamaño de Goliat. Pero David no. Él era inquisitivo por naturaleza.

Hizo todas las preguntas correctas con respecto a Goliat, incluyendo una sobre la oferta de Saúl de eximir de impuestos de por vida al soldado que derrotara a Goliat. David siempre había sido un muchacho entrometido. Esta era su inclinación natural. También era naturalmente bravo y protector. Tenía el corazón de un guerrero. Estaba programado para matar un oso y un león y eliminó a estos dos peligrosos animales cuando trataron de comerse a su rebaño. Planeó el mismo método con Goliat. David aprovechó esta oportunidad dada por Dios por medio de seguir su corazón.

Usted debe hacer lo mismo. Esto se muestra por una historia acerca de un joven que deseaba casarse con la hermosa hija del granjero. Fue con el granjero a pedir su mano:

> El granjero lo miró y le dijo: "Hijo, ve y párate en ese campo. Voy a soltar tres toros, uno por uno. Si puedes atrapar cualquiera de los tres toros por la cola, puedes casarte con mi hija".
>
> La puerta del granero se abrió y salió corriendo el toro más grande y más feroz que hubiera visto. Decidió que uno de los toros siguientes podría ser una mejor opción que este, así que corrió a un costado y dejó pasar al toro por la pastura hacia la puerta trasera.
>
> La puerta del granero se abrió una vez más.

Increíble. Nunca había visto algo tan grande y feroz en su vida. El toro se plantó rascando la tierra, bufando, dejando caer su saliva mientras lo observaba. Sin importar como fuera el toro siguiente, tenía que ser una mejor opción que este. Corrió a la cerca y dejó pasar el toro por la pastura, hacia la puerta trasera.

La puerta se abrió por tercera vez. Una sonrisa atravesó su rostro. Este era el toro más débil, pequeño y flaco que hubiera visto. Este era su toro. Cuando el toro vino corriendo, el muchacho se posicionó correctamente y saltó justo en el momento exacto. Estiró la mano...¡pero el toro no tenía cola![6]

La vida está llena de oportunidades. Si usted se queda esperando lo que podría parecer la oportunidad perfecta, podría perder la oportunidad por completo.

Las oportunidades divinas están a su alrededor. Podrían aparecer con la etiqueta de "problema". En una manera similar a David, cuando usted vence el problema obtiene la reputación de ser un matagigantes. No se espere a resolver los grandes problemas para que todos puedan tomar nota de su victoria. Primero mate al oso o al león que se encuentran frente a usted. Esto lo preparará para el problema mayor: los Goliat que entrarán a su vida. Usted debe derrotarlos antes de sentarse en el trono.

Haga las conexiones divinas

Dios ingeniosamente coloca a personas en nuestro camino para ayudarnos a trabajar juntos, formar colaboraciones estratégicas y aprender las lecciones vitales para cumplir sus sueños para nuestra vida. Vemos que David tenía tres tipos de relaciones que eran clave para llevar a cabo el sueño de Dios para él. Recuerde que Dios quería que David llegara a ser rey. La oración por sí sola no iba a ser la respuesta. Los actos valientes por parte de David eran piezas cruciales del rompecabezas. Una cosa es matar a un gigante, pero se requiere otro tipo de valentía para desarrollar relaciones significativas. David tenía un confidente, un asesor y quien lo confrontara. Cada uno tenía un papel clave en su desarrollo y la definición de su persona.

El confidente de David

El hijo de Saúl, Jonathan, era el confidente de David (1 Samuel 18:1–4). Jonatán, un príncipe de Israel, experimentó una verdadera simpatía por David una vez que vio cómo se comportó en contra de Goliat. Los jóvenes se volvieron amigos para toda la vida. Con un confidente uno no tiene miedo de compartir sus secretos, su dolor, sus aspiraciones y sus anhelos, y ellos con uno. La relación es vulnerable en ambos sentidos.

Como confidente de David, Jonatán lo ayudó a ver su don natural de influencia. Usted necesita tener porte real para convertirse en rey. David era un pastor. No sabía nada de realeza, ni del protocolo que viene con ella. Jonatán era un príncipe. El desenvolvimiento real era todo lo que él conocía. Esta era una conexión divina. Jonatán tenía lo que David necesitaba. En la providencia de Dios, Él hizo que se conocieran y formaran una profunda amistad; una que finalmente ayudaría a David a convertirse en lo que Dios lo había llamado a ser.

Su hijo necesitará un confidente. Este es alguien más allá del hogar. Usted puede comenzar a orar para que esa persona aparezca en el momento apropiado. Un confidente es un amigo; un amigo realmente bueno. Este es alguien aparte del cónyuge. Es un igual con quien su hijo se sentirá extremadamente cómodo. Dios usará a esta persona para depositar algunas cosas clave dentro de su hijo. Estas cosas serán útiles mientras persiguen el sueño de Dios para su vida.

El entrenador de David

David también necesitaba un entrenador para ayudarlo a hacer avanzar el sueño de Dios para su vida. Samuel, el profeta, desempeñó ese papel. Un entrenador sabe cómo sacar lo mejor de uno. Lo desafían a tomar un paso hacia arriba y subir al siguiente nivel. Nunca lo dejan conformarse con la mediocridad. Samuel vio grandes dones de liderazgo en David y lo alentó a desarrollarlos.

Mark Twain dijo: "Manténgase alejado de las personas que tratan de menospreciar sus ambiciones. Las personas pequeñas siempre harán eso, pero los realmente grandes lo harán sentir que usted también puede llegar a ser grande".[7] Un entrenador no lo va derrumbar, sino a levantarlo. El entrenador de su hijo puede ser un hermano mayor, un abuelo, un maestro o un amigo de la familia. Los entrenadores los instruyen para su destino. Brindan dirección personalizada a través de las transiciones de la vida. Un entrenador brinda iluminación a las preguntas molestas, que—de dejarse sin responder—pueden impedir el crecimiento de su hijo. Una vez respondidas, el techo es removido. El crecimiento sucede.

Cuando Saúl intentó matar al joven David por celos, David fue a encontrar consuelo y sabiduría en Samuel (1 Samuel 19:18). Samuel le pudo brindar a David la perspectiva necesaria para que el sueño de Dios (de que se convirtiera en rey) no fuera abortado. David aprendió cómo orar, echar sus ansiedades sobre el Señor y caminar en fe gracias a Samuel. También aprendió a integrar la espiritualidad como parte de sus rasgos de liderazgo al estar involucrado en liderar ramas del gobierno. Esta es una proeza difícil. Muchas personas son buenas en papeles seculares, pero exhiben una vida espiritual superficial. Otros tienen una fuerte vida espiritual, pero demuestra un liderazgo ineficaz al relacionarse con el resto de la sociedad. David se destacaba en ambos, en gran parte gracias al entrenamiento de Samuel. Samuel creía en David. Esto hacía toda la diferencia del mundo. El apoyo entusiasta de un entrenador va más allá de la confirmación de sus habilidades. Levanta su espíritu y alienta su fe, especialmente cuando las pruebas fuertes no parecen cejar. A causa de que el entrenador cree en usted, usted encuentra la confianza de también creer en usted mismo.

Bill Schuffenhauer es un atleta estadounidense en la especialidad de "bobsled" que ha competido en tres olimpiadas invernales y fue ganador de la medalla de plata en la prueba de "bobsled" para cuatro personas en Salt Lake City 2002. Gracias a la publicidad que hay alrededor de los atletas olímpicos, el mundo pronto supo mucha información acerca de este hombre:

> Sus padres eran drogadictos [...] su madre era una prostituta que con frecuencia era golpeada delante de él [...] él le robaba a la gente; comía de los botes de basura; fue encerrado en la cárcel juvenil por allanar una tienda de bicicletas cuando estaba tratando de conseguir algo que pudiera vender para comer.
>
> Su mamá y su padrastro constantemente eran desalojados de los lugares donde vivían. Cuando no estaba en la calle y viviendo en un parque, vivía en casas de adopción temporal. Faltaba mucho a la escuela. Bebía y se drogaba con hierba [...] Justo en la época en que estaba entrando a la escuela media, la abuela materna de Schuffenhauer, Sadie Muniz, lo recibió en casa. Ella vivía en el pueblo de Roy, Utah, a unos treinta minutos del norte de Salt Lake City.[8]

Con lágrimas les contó a los reporteros acerca de la influencia que tuvo ella para equilibrarlo y cómo siempre estaba allí para levantarlo o detenerlo cuando empezaba nuevamente a meterse en problemas. Contó cómo ella siempre le recordaba: "Nunca te rindas y siempre sigue adelante" en la vida.[9] Como ella nunca se rindió con él, este hombre comenzó a asistir a la escuela regularmente y cambió su vida por completo. Ahora es un afamado atleta olímpico. La abuela materna de Schuffenhauer lo entrenó en los asuntos de la vida. Ella vio el sueño de Dios para él y a través de su dirección él pudo realizarlo.

Ore para que Dios traiga entrenadores a la vida de su hijo que crean en él cuando él quizá no crea en sí mismo. El éxito en la vida requiere oración y acciones valientes.

El que confrontaba a David

Quien nos confronte también es una persona enviada por Dios. Nadie quiere alguien que lo confronte, pero Dios sabe que los necesitamos. Su sueño no es sola y simplemente suyo. Primero fue de Dios. De hecho, sus oraciones y las de sus hijos han sido para que el sueño de Dios se haga realidad. Para que eso suceda, para cumplir con su destino y el de sus hijos es necesario quien los confronte.

Joab era quien confrontaba a David. También era un militar; un feroz guerrero quien vino a la vida de David en respuesta a un desafío. David acababa de convertirse en rey de Israel, pero su gobierno necesitaba ser afirmado completamente. Jerusalén, antes conocida como Jebús, seguía sin ser conquistada. David dio una orden: "El que primero derrote a los jebuseos será cabeza y jefe. Entonces Joab hijo de Sarvia subió el primero, y fue hecho jefe" (1 Crónicas 11:6).

Joab derrotó a los jebuseos, y Jerusalén llegó a ser conocida como la Ciudad de David. También fue donde David estableció su residencia y su cuartel general. A través de esta victoria, Joab se convirtió en el general de David. A lo largo de los años en su posición como general, Joan ganó muchas otras campañas militares y conquistó ciudades formidables para David. No obstante, con el tiempo llegó a ser quien confrontara a David.

Los que confrontan de parte de Dios son personas talentosas. Vienen a su vida por muchos caminos y en diferentes coyunturas. Lo interesante acerca de ellos es que no lo necesitan a usted para tener éxito. Son muy talentosos por sí solos. Tal fue el caso con Joab. Nos enteramos pronto de que: "Y edificó [David] la ciudad [de Jerusalén] alrededor, desde Milo hasta el muro; y Joab reparó el resto de la ciudad" (1 Crónicas 11:8). Imagínese eso. David reparó la mitad de Jerusalén y Joab restauró la otra mitad de la ciudad que más tarde sería conocida como *la Santa Ciudad*. Joab era un líder importante.

Quien confronte puede desafiar sus creencias y valores. No obstante, si usted mantiene la calma sabiendo que Dios permite las conexiones divinas en su vida por una razón, cosechará un inmenso beneficio de la confrontación. Se volverá más claro en sus opiniones, más fuerte en su habilidad de hablar convincentemente y estará mejor posicionado para influenciar a los demás.

Con frecuencia las personas que oran no reconocen el papel de quienes los confrontan en su vida. Tratamos de alejarlos por medio de la oración, pensando que han sido plantados por Satanás. Quizá venga un tiempo en el que quien lo confronta deba ser extirpado de su vida, pero usted debe tener discernimiento para que el sueño de Dios no sea interrumpido o abortado.

Quien lo confronta desafiará su carácter y estilo personal, por su bien. Usted se volverá más fuerte y más competente para dirigir un equipo diverso. Usted tendrá menos defectos de carácter y más hábitos socialmente aceptables. Quien lo confronte incluso desafiará sus metas y su motivación. Como resultado usted se volverá una persona más enfocada, relevante y con más logros. Abandonará metas innecesarias para llegar a una motivación más pura.

Si los adultos tienen dificultades para hacer malabares con estas relaciones críticas, tiene que hacer un esfuerzo realmente intencional como padre para ayudar a su pequeñito a navegarlas. Dios usa las relaciones, al igual que va a usar todo en la vida, para completar nuestra formación espiritual. Sus hijos deben aprender cómo orar en medio de las dinámicas de las relaciones o si no se cambiarán de una escuela a la otra. Encontrarán una razón para cambiarse de un equipo al siguiente, o de una relación a la siguiente, en búsqueda de la perfección.

Una pequeñita de siete años en nuestra clase para niños de la iglesia se acercó a su maestra con esta petición de oración:

—¿Podrían orar por mí para que Dios me dé un nuevo papá?

La sabia maestra le preguntó:

—¿Qué está mal con el que tienes?

—¡No me gusta! Siempre me está corrigiendo —compartió Brittany.

Ahora bien, podría haber cierta verdad acerca de la necesidad de ese papá para cambiar su estilo de paternidad. Pero la maestra dijo:

—Mi amor, no puedes escoger a tu papá. ¿Quieres que oremos para que Dios te ayude en cómo ser una mejor hija y que tu papá sea un papi más agradable?

Ella movió su cabeza hacia arriba y hacia abajo en acuerdo con la nueva dirección de la oración.

Las verdades bíblicas ayudan a darle forma a nuestras oraciones y a nuestra actitud hacia la oración. Mantenga las oraciones de sus hijos centradas en la Escritura, y el sueño de Dios para ellos con toda seguridad se cumplirá.

ACCIONES A TOMAR

Sus hijos son tan importantes para Dios que Él de hecho tiene un sueño para su vida y su futuro. Sus oraciones y las de ellos se deben alinear con ese sueño. Descubrir ese sueño toma tiempo. Pero comprométase con divertirse en el proceso de descubrimiento. Repasemos algunas cosas.

- El sueño de Dios para su hijo naturalmente hará juego con sus dones, conjunto de habilidades y personalidad.

- Hay dos cosas que usted debe hacer para que se cumpla el sueño de Dios para su vida y la de sus hijos: ore las promesas de Dios y realice acciones valientes.

Establezca un momento especial esta semana para hacerle a su hijo la siguiente pregunta: "¿Cuál crees que sea el sueño de Dios para tu vida?". Después de hablar un rato, encuentre un par de puntos principales en su respuesta y úselos para orar con él por ellos. Ore:

Amoroso Dios, te agradezco porque tienes un sueño para mi hijo. Te pido que le des sabiduría y valentía a lo largo de su vida para tomar las decisiones correctas para que tu sueño se cumpla. Te pido esto en el poderoso nombre de Jesús. Amén.

Capítulo 8

¡DIOS, SÁLVAME!

———— ✹ ————

"¡DIOS, SÁLVAME!". ESTA pequeña oración me rescató muchas veces cuando mis hijos estaban creciendo. Cuando no sabía cómo orar, las palabras "¡Dios, sálvame!" simplemente salían repetidamente de mis labios. Si nunca ha pronunciado este ruego, inténtelo. Es mi regalo para usted.

A medida que estoy escribiendo este capítulo, dos familias están haciendo esta oración porque sus hijos no se están comportando bien. En una familia, la chica de ocho años se está cortando como una manera de lidiar con el divorcio de sus padres. Melanie es muy cercana a su papá, y el pensamiento de verlo solamente durante el fin de semana cada quince días pesa mucho en su pequeño corazón. Ambos padres son seguidores de Cristo, pero la tensión de los problemas financieros y una falta de límites adecuados destruyeron su matrimonio. No obstante, ambos padres están completamente comprometidos con la formación espiritual continua de Melanie y sus dos hermanos mayores.

El otro hogar está batallando con un muchacho de trece años cuya actitud se ha vuelto bastante mala. A Kevin solía gustarle mucho orar con la familia, participar en el grupo de jóvenes y leer su Biblia. No solo ha dejado esas actividades, sino también afirma que ya no cree en Dios. La mera mención de la palabra *iglesia* provoca una gran pelea. El padre es un cristiano fuerte, mientras que la madre de Kevin es relativamente nueva en su caminar con el Señor. Ella ha estado practicando su fe durante unos tres años, pero se encuentra bastante entusiasmada por crecer. Ambos quieren que Kevin vuelva a Cristo y que continúe con su desarrollo espiritual.

Las dos familias tienen una situación difícil en este momento. Incluso con consejería, no hay respuestas fáciles. Cada pareja de padres está comprometida con ayudar a sus hijos a aprender a orar y otras disciplinas espirituales vitales.

No obstante, es una situación delicada. Si estos padres presionan demasiado los perderán. Si los "sueltan" demasiado, los malos hábitos de sus hijos podrían empeorar. Los niños no son robots que podamos programar. Algunas veces desearía que lo fueran. Dios, en su infinita sabiduría, los diseñó para que sean criaturas mucho más intrincadas que eso. Para criar a su hijo con eficacia durante tiempos turbulentos, usted debe unirse al coro de intercesores con la oración de dos palabras que a menudo me ayudó.

Esta simple oración me enseñó dos lecciones que le dieron forma a mi estilo de crianza. Me recordó que siempre debo enfocarme en ayudar a mis hijos a desarrollar *buenos hábitos* y *un gran corazón*. Sin importar cuál fuera la etapa de desarrollo o la mala actitud, mi mentalidad desanimada o algún problema no previsto, mantuve mi mirada paternal en estas dos cosas: desarrollar buenos hábitos y desarrollar un gran corazón.

Desarrolle buenos hábitos

La formación espiritual de su hijo provendrá de buenos hábitos que estén enraizados en la Biblia. Necesitan una realidad espiritual que les brinde respuestas plausibles a cinco preguntas cruciales:

1. ¿Dios existe? ¿Y cómo es?

2. ¿Cómo fue creado y formado el mundo?

3. ¿Cuál es mi propósito y el de la humanidad?

4. ¿Hay vida después de la muerte?

5. ¿Qué es verdad? ¿Y cómo vivo a la luz de esa verdad?

Sea que sus hijos le hagan estas preguntas o no, están en su corazón y en su mente. Sin respuestas sólidas no van a tener anclas que los acerquen más al Señor. Cuando mi hija Jessica tenía unos cinco años de edad, me preguntó:

—Papá, ¿las orugas bostezan?

Íbamos camino al centro comercial y Jess quería la respuesta a esta pregunta. Verdaderamente nunca había pensado en esto, y francamente no me interesaba. Pero a ella sí. Ella realmente estaba preguntándome: *¿Cómo fue creado el mundo?* Yo le respondí:

—Mi amor, realmente no sé si las orugas bostezan.

Yo tenía la intención de investigarlo, pero hasta la fecha todavía no he llegado a hacerlo. Pero sí respondí la pregunta *detrás* de su pregunta numerosas veces. Ella quedó satisfecha con mi respuesta de que Dios creó el mundo. Pero los niños crecen, y nuestras respuestas deben crecer con ellos, de acuerdo con su nivel de madurez presente.

Conozca las respuestas

Si su hijo se está comportando mal e interrumpiendo a la familia, no se apresure a juzgarlo. El verdadero problema podría ser su necesidad de respuesta a una de las cinco preguntas básicas. En la formación espiritual de su hijo la meta es ayudarlo a confiar en sus prácticas religiosas a pesar de los desafíos que vendrán en contra de su fe. Por eso es que la Biblia alienta a los padres con estas palabras: *"Instruye* al niño en su camino, y aun cuando fuere viejo no se apartará de él" (Proverbios 22:6, énfasis añadido).

Trate de conocer cuáles son las necesidades de su hijo. Así como un médico realiza varias pruebas a su paciente antes de ofrecer un pronóstico, usted debe hacer lo mismo. Haga esto por medio de pasar tiempo juntos. Los buenos padres saben que no son el amigo de su hijo.

Si esta línea se ha vuelto borrosa en su hogar, pídale al Señor que le dé sabiduría para restablecer límites parentales saludables.

Si usted necesita ayuda para responder las cinco preguntas que ayudan a que su hijo desarrolle una vida espiritual saludable, acuda a su iglesia. Si no tiene una iglesia que usted considere su hogar, haga de encontrar una su prioridad principal. Su hijo necesita aprender buenos hábitos, no simplemente por medio de la conversación, sino también mediante su ejemplo. Cuando usted se integra a una iglesia local, esa comunidad de seguidores de Cristo deberían brindar una guía variada y sustanciosa en las cosas espirituales. Su conocimiento bíblico con toda seguridad crecerá. Los huecos que haya en el nivel de la iglesia local se pueden llenar con libros, sitios web y otros recursos.

Los buenos hábitos son más sencillos cuando usted es parte de una comunidad que es ejemplo de esos hábitos. Los hábitos de la oración, el estudio bíblico y conectarse con otros cristianos que están emocionados por su devoción a Cristo tendrán un impacto positivo en su vida. Esto a su vez afectará a sus hijos. La iglesia que apoya a los padres en el proceso de criar niños santos resultará inapreciable.

Algunas veces simplemente brindarle las respuestas no es suficiente. Usted tiene que darle espacio a su hijo para que procese las respuestas. El pequeño Jonathan de nueve años necesitaba un poco de espacio y de tiempo para tomar una decisión. Esto es lo que le dijo a sus padres, Doris y Javier, después de una clase sobre bautismo en agua. La iglesia anunció una clase de dos semanas de bautismo en agua para niños. Al final la mayoría de los niños se apresuraron a inscribirse, pero no Jonathan. Él no quiso. Sus padres no sabían cómo sacar a colación el tema con su muchacho. *¿Qué estaba pensando? ¿En qué estaba confundido con respecto a su relación con Cristo?*, pensaban. Aunque estas preguntas los afligían, esperaron a ver si Jonathan sacaba el tema a colación. Unos días después les compartió: "El bautismo en agua es una decisión importante y tengo que orar sobre eso".

Pasaron varios meses y nuevamente se abrieron las inscripciones para el bautismo de los muchachos. Esta vez Jonathan dijo con entusiasmo: "Yo quiero que Jesús sea mi Salvador. ¡Quiero ser cristiano!". Sus padres oraron con él; Jonathan lloró cuando sintió que la presencia de Dios lo envolvía. Después de este breve tiempo de oración, exclamó: "¡Me siento tan feliz! Estoy feliz. Soy cristiano". Cuando el bautismo en agua llegó, tuvo mucho más significado para Jonathan porque había sido *su* decisión.

Enfóquese en el hábito

El mal comportamiento puede ser una inmensa distracción. Para mantenerse motivado a medida que desarrolla la vida espiritual de su hijo, necesita combustible. Esto significa que su vida no puede ser consumida por la de su hijo. Este es un error muy común y muy grave que los padres cometen. Usted tiene que generar espacio y tiempo para sus propias devociones personales y actividades; mantenga una vida equilibrada. Estos hábitos lo ayudarán a llenar su cuenta de banco emocional. Esto le dará la energía necesaria y la claridad mental para ser eficaz al enfrentar los problemas que surjan en la casa.

Cuando su hijo comience a resentir los hábitos espirituales que usted está tratando de fomentar, dé un paso hacia atrás y ore. No entre en pánico. ¡Gane la batalla sobre sus rodillas! Usted no puede obligarlo. Debe suceder voluntariamente si es que va a permanecer. Si su hijo no quiere orar, enfóquese en su carácter moral. Por ejemplo, anímelos a unirse a un club de debate donde los estudiantes enfrenten temas pesados. Tenga videos a la mano en su casa que presenten a apologistas cristianos que aborden temas pesados como la justicia social, la guerra o el islam contra el cristianismo.

El punto es este: el desarrollo espiritual no es un proceso de una sola vía. Si su hijo está pasando por un periodo difícil en el que no está abierto a asistir a los grupos de jóvenes de la iglesia, busque maneras para exponerlo a atletas cristianos o a alguno de los ministerios no tradicionales. Aquí es cuando un viaje misionero, en el país o al extranjero, puede resultar en abrirle los ojos o ser positivo. Después de que algunos de nuestros adolescentes participaron en un viaje de misiones a Haití y Nicaragua, su vida tomó un giro para mejor. En oración pídale a Dios que le dé ideas creativas que lo ayudarán a estimular el crecimiento espiritual de su hijo. Cada niño es diferente. Lo que funcione para uno quizá no funcione para el otro.

Enfóquese en buenos hábitos

Los hábitos espirituales no son los únicos hábitos que usted quiere cultivar. Un hábito natural puede en algunas ocasiones desatar sed por uno espiritual. Los hábitos naturales provienen de un conjunto de reglas de la casa. Las expectativas le darán forma al comportamiento del niño hacia otros. Por ejemplo, si usted quiere que su hijo levante sus platos cuando termine de comer, establezca la regla. Y refuércela. No le tenga miedo a su hijo. Si usted quiere que su hijo tenga una dieta adecuada, compre y cocine los alimentos que ayudarán a reforzar esa expectativa.

Los padres permisivos dañan el futuro de sus hijos al darles la impresión de que todo vale. Billy Graham una vez dijo: "Un niño al que se le permite ser irrespetuoso con sus padres no tendrá respeto por nadie".[1] El trabajo de los padres es delinear las expectativas para los niños que viven bajo su techo. Los niños necesitan una autoridad estable.

Establezca límites para sus hijos. Los límites ayudan a su hijo a responder las preguntas: ¿Qué se espera de mí? ¿Cómo debería actuar? Sus límites deberían estar diseñados para ayudar a su hijo a madurar y aprender cómo tomar responsabilidades apropiadas a su edad. No lo saque de cada desastre en el que se meta. Debe conocer las consecuencias de sus acciones incluso cuando las consecuencias sean graves. Incluso cuando sus hijos lleguen a ser adultos, usted debe mantener esta sensibilidad a los límites. No puede seguir invirtiendo recursos para mejorar la calidad de vida de su hijo adulto.

Los límites lo ayudarán a pararse sobre sus propios pies: espiritual, emocional y financieramente.

Sea ejemplo del hábito que desea subrayar

Todos sabemos que los niños son impresionables. Usted es un poderoso ejemplo, incluso sin hablar. Pedro probó esto cuando instó a las esposas creyentes a lo siguiente: "Estad sujetas a vuestros maridos; para que también los que no creen a la palabra, sean ganados sin palabra por la conducta de sus esposas, considerando vuestra conducta casta y respetuosa" (1 Pedro 3:1–2). Si los esposos no creyentes pueden ser influenciados y moldeados por sus esposas creyentes, ¿cuánto más sus hijos impresionables? Permita que sus hijos vean que en su vida operan los hábitos que usted quiere desarrollar en la de ellos.

Sus acciones amorosas serán innegables y finalmente irresistibles. Que su amor sea práctico. Muestre un interés genuino en sus pasatiempos e intereses. Conecte a sus hijos con usted por medio de involucrarlos en algunos de sus intereses, pasatiempos y actividades. Van a conocer quién es usted, qué le gusta y en lo que se está convirtiendo cuando se conecten con usted. Su semejanza a Cristo, aunada con sus poderosas oraciones, los conquistará.

DESARROLLE UN GRAN CORAZÓN

El diablo, conforme a una leyenda, una vez anunció sus herramientas para su venta en una subasta pública. Cuando los posibles compradores se reunieron, había una herramienta con una forma extraña etiquetada: "Esta no se vende". Cuando se le pidió que explicara por qué era así, el diablo respondió: "Puedo prescindir de mis otras herramientas, pero no de esta. Este es el implemento más útil que tengo. Se llama desánimo, y con él puedo abrirme paso a los corazones que de otra manera son inaccesibles. Cuando meto esta herramienta en el corazón de un ser humano, el camino está abierto para plantar allí cualquier cosa que yo desee".[2]

¡Cuán cierto! Por eso es que estoy convencido de que una buena parte de criar buenos chicos es ayudarlos a desarrollar un gran corazón. Demasiadas personas se sientan en la banca fácilmente por el desánimo. Carecen de pasión, impulso y el corazón para convertirse en campeones espirituales. Si usted ayuda a sus hijos a desarrollar un corazón de pasión por el servicio y una vida misionera, no habrá espacio para que el desánimo de hospede en su alma.

En su libro *Living a Life of Fire* [Cómo vivir una vida de fuego] el legendario evangelista internacional Reinhard Bonnke comparte la historia acerca de su llamado a predicar el evangelio a África cuando apenas era un niño pequeño. El joven Reinhard corrió hacia su papá, un pastor, y le dijo: "'¡Padre, Padre, Dios me habló en la iglesia hoy y me dijo que debo predicar el evangelio en África!'. Seguramente le parecí como un cachorro saltarín brincando de emoción[...]Luego me miró con una expresión confundida y sombría. 'Tu hermano

Martin será mi heredero, Reinhard. Él será el predicador del evangelio en esta familia'".[3]

Reinhard entonces nos da un atisbo a lo que sucedió en su corazón. Escribe: "El desánimo oscureció mi corazón. Su tono de voz [el de mi padre] habló más fuerte que sus palabras. Me dijo que dudaba profundamente de mi afirmación[...]Ese día comencé a comprender que tenía dos padres. Un padre terrenal y un padre celestial. Hasta ese momento, había supuesto que hablaban con una misma voz".[4] Afortunadamente Reinhard nunca permitió que el desánimo evitara su crecimiento. Su gran corazón por las almas del pueblo africano lo llevó a conducir cruzadas que atrajeron a más de un millón de personas al mismo tiempo. Ha llevado a millones de personas a conocer a Jesucristo como su Señor y Salvador en África y alrededor del mundo. Una razón detrás de su éxito fenomenal era su perspectiva: ¡Mantenía un gran corazón para Dios!

El dolor no es el fin de la vida

El Dr. Park Tucker, excapellán de la penitenciaría federal de Atlanta, Georgia, relató que iba caminando por la calle en cierta ciudad, sintiéndose cabizbajo y deprimido y preocupado por la vida en general. Al ir caminando, levantó la vista por un momento a la ventana de una funeraria del otro lado de la calle. Parpadeó un par de veces, preguntándose si sus ojos lo estaban engañando.

Pero era cierto[...]en la ventana de esa funeraria estaba este letrero[...]"¿Por qué caminar por allí medio muerto? Podemos enterrarlo por

$69.50 dólares. Posdata: Contamos con programa de millas". El Dr. Tucker dijo que el humor detrás de ello fue buena medicina para su alma. Muchas personas están caminando por ahí medio muertos porque la preocupación ha construido una montaña de problemas de la cual creen que no hay salida. Se han rendido al destino.[5]

¿Ha instruido a su hijo para manejar el dolor? Me estoy refiriendo a la decepción; al dolor del alma. Esta instrucción es parte importante de la formación espiritual de los niños. La vida no es como en las películas. No todo sale perfectamente bien en el principio, en medio o al final todo el tiempo. Eso no significa que no haya ejercido la fe o que haya fracasado en ofrecer suficiente oración. Sin una teología sana sobre el dolor terminamos manejando los problemas como el resto del mundo. Usted no puede criar a sus hijos para estar indefensos y mal equipados para enfrentar los problemas de la vida.

En 2015 comencé a escribir columnas para canales de medios nacionales seculares. Mi objetivo era ofrecer soluciones para combatir la escasez de pensamiento crítico en la cultura más amplia en asuntos como la fe, la familia y la vida. En un artículo ofrecí una perspectiva alternativa al dolor de tragedias colectivas, como el bombardeo suicida de 2015 que causó la muerte de aproximadamente 130 personas en París. Cuando estos tipos de tragedias golpean, muchas personas, tanto seculares como cristianas, preguntan: "¿Dios, por qué?". Compartí que esta pregunta es equivocada porque "es demasiado incriminatoria contra Dios y demasiado entumecedora para la víctima. Mejor, deberíamos preguntar: '¿Dios, y ahora qué?'".[6] Es verdad que el mal es sumamente complejo. Así que debemos tener una teología bien informada para que no perdamos la esperanza o el ánimo.

Joyce Meyer dolorosamente compartió cómo la incapacidad de su padre de funcionar como padre generó un dolor inimaginable: "Tuve muchas heridas y mucho dolor, cantidad de lesiones, golpes, decepciones en mi vida. Sufrí abuso sexual por parte de mi padre, padecí maltrato mental y emocional. Mi mamá no sabía qué hacer al respecto, y ella estaba siendo herida en el proceso. Así que ella no trató con el asunto. Y puedo garantizarle, que solamente porque usted no confronte algo, eso no hace que se vaya".[7]

La formación espiritual debe incluir ayudar a sus hijos a desarrollar un gran corazón. En esta manera pueden combatir a las fuerzas naturales y espirituales que tienen la inclinación de azotarlos hasta desanimarlos.

El fracaso no es el fin de la vida

Mi primo Stewart y yo tenemos la misma edad. Cuando los dos estábamos en séptimo fui colocado en un grupo avanzado. Incluso entonces, siendo un amante del aprendizaje y de los altos logros académicos, estaba inmensamente orgulloso de mi clasificación especial. Terminé en el segundo grupo más alto de los cuatro grupos avanzados. Los que estábamos en estos grupos no solamente teníamos el derecho de enorgullecernos, sino que teníamos el privilegio de no tener que cursar el octavo grado.

En los grupos del séptimo grado estándar, los estudiantes eran clasificados del 7–1 al 7–21. Esta era una escuela intermedia inmensa. Stewart tuvo la doble mala fortuna de ser colocado en el grupo 7–15 y de ser mi primo. Lo molestaba sin misericordia. Cada vez que entraba en una habitación, volteaba a ver mi reloj y anunciaba que eran las 7:15 sin importar la hora del día. Y hacía cualquier cosa por ingeniar una broma con el 7:15 para molestar a Stewart. Mis constantes ataques molieron tanto sus nervios y su autoestima que Stewart comenzó a trabajar duro para aplicarse en la escuela.

Hoy es un ejecutivo en una empresa de telecomunicaciones y terminó sus estudios de doctorado en una de las mejores escuelas de ingeniería. El otro día me dijo que cada vez que escucha el número 7:15 todavía se estremece un poco y luego se ríe. Recientemente se encontraba en el aeropuerto para un viaje de negocios y escuchó el anuncio por los altavoces: "Esta es la última llamada para el vuelo 715". En el instante todas mis bromas de la infancia vinieron rápidamente a la memoria de Stewart y se rio consigo mismo mientras caminaba a su terminal. Me ha dicho que lo mucho que lo molestaba lo hacía sentir como un perdedor en ese entonces. Pero incluso frente a una derrota intimidatoria, Stewart convirtió su fracaso en éxito.[8] Esto es porque había desarrollado el gran corazón de un campeón. El fracaso no fue lo suficientemente poderoso como para poner sus hombros contra la lona, tal y como lo hacen los luchadores que le ganan a sus oponentes en el cuadrilátero.

Para ayudar a que su hijo venza el temor al fracaso, ayúdelo a mantener la vista en el objetivo principal; y no en los pequeños reveses. La decepción y el fracaso pueden corroer el alma de su hijo y su autoestima. Esto es en lo que sus lecciones se deben enfocar en combatir. Para proteger su sentido de valía propia, hágales saber que el fracaso no disminuye su valor. Hay una diferencia entre lo que usted falla en lograr y quién es usted. Lo anterior habla de función y acción mientras que lo último representa a un ser humano poderoso quien tiene la habilidad de crear y volver a ordenar sus pasos. El fracaso es el resultado de un evento, pero no es lo que describe a la persona detrás del evento.

Pamela y su esposo Richie le enseñaron a su hijo Robby a tener ánimo. Para su décimo cumpleaños le dieron un labrador negro. Querían que Robby aprendiera a ser responsable. Le dijeron que tenía que cuidar del perro. Robby lo llamó Ben; el perro era su mejor amigo en la vida. Robby lo tuvo durante unos diez meses, y luego, al verano siguiente, fueron a pasear en bicicleta. Después Robby entró a la casa y olvidó atar a Ben, quien estaba recostado bajo un árbol de sombra. Esta no era la primera vez.

El perro se escapó. Esta tampoco era la primera vez que sucedía. La familia lo fue a buscar, pero nunca lo encontraron. Robby estaba molesto consigo mismo por haber fallado en atar a Ben. Pero nunca dejó de buscarlo, incluso meses después. Entonces un martes por la mañana, exactamente diez meses después de que Ben había desaparecido, Robby estaba lavando los platos. Y por casualidad miró por la ventana y allí estaba Ben, sentado y viendo por la ventana a Robby. Así que Ben volvió y Robby estaba emocionado. Dijo que había orado todos los días para que su amigo volviera a casa. Dijo que la última vez que oró fue la noche anterior a que Ben viniera a casa. Durante diez meses nunca dejó de orar.

Ser derribado por la vida es común. Levantarse es poco común. Enséñele a sus hijos a seguir levantándose. Esto los ayudará a lo largo de cada etapa de la vida, donde quizá encuentren dolor y fracaso.

> El hombre en el supermercado iba empujando un carrito que entre otras cosas contenía a un bebé que estaba llorando en alta voz. Mientras el hombre avanzaba por los pasillos, se mantenía repitiendo en voz baja: "Mantén la calma, George. No te molestes, George. No te molestes, George. No grites, George".
>
> Una anciana viéndolo con admiración le dijo al hombre:
>
> —Usted ciertamente debería ser felicitado por su paciencia al tratar de calmar al pequeño George.
>
> —Señora —declaró—, yo soy George.[9]

Los niños a veces pueden tener un tiempo difícil. Las estructuras familiares con frecuencia son más complicadas de lo que solían ser. Los niños son expuestos a una plétora de mensajes sexuales y comerciales a diario. Las redes sociales y otros avances tecnológicos cambian drásticamente las dinámicas de la niñez. Debemos tenerles compasión. Y en el mismo tren de pensamiento, nosotros los padres también necesitamos compasión.

El reconocido psicólogo infantil y autor, el Dr. James Dobson, responde la pregunta perturbadora que muchos padres se hacen: "¿Cuál es el mayor obstáculo que enfrenta la familia en este momento? Tener demasiados compromisos: la presión del tiempo. No hay nada que pueda destruir la vida familiar más insidiosamente que los horarios frenéticos y las vidas ajetreadas, en las que los cónyuges están demasiado ocupados para comunicarse, demasiado agotados para tener sexo, demasiado fatigados para hablar de los niños. Ese estilo de vida acelerado es tan destructivo como que uno se involucre en pecado descarado. Si Satanás no lo puede hacer pecar, lo hará tener muchas ocupaciones y eso es casi lo mismo".[10] Este problema de programar cosas de más se puede remediar fácilmente teniendo más en consideración sus prioridades.

Pero en la siguiente ocasión en la que esté de rodillas clamando: "¡Dios, sálvame!", porque su hijo ha cometido otra cosa imprevista, recuerde permanecer enfocado. El verdadero éxito es ayudarlos a desarrollar buenos hábitos y un gran corazón.

ACCIONES A TOMAR

La paternidad necesita un juicio sobrio. No tema rendirse a la realidad de que no sabe cómo orar en cada situación en particular. Las oraciones breves contienen una gran cantidad de poder espiritual. No tema desarrollar su vocabulario de oración con ellas. Dios ve el corazón más que las palabras.

1. Mantenga su enfoque sencillo y claro para mantener sus problemas de crianza de los hijos en la perspectiva correcta.

2. Si su hijo ha perdido de vista los asuntos de formación espiritual o no está dispuesto a trabajar en ellos, pregunte qué otra área de desarrollo puede atender.

3. Cuando sea tiempo de cantar la canción de dos palabras de los intercesores: "¡Dios, sálvame!", encuentre un lugar tranquilo donde pueda elevar esta oración. ¡Luego hágalo! ¡Suéltela! Dios entenderá todas las palabras no habladas de su corazón.

Capítulo 9

¿DIOS, TE ENCUENTRAS BIEN?

—¿Dios, te encuentras bien? —oró el pequeño Vinnie de cuatro años.

—Esa es una oración inusual—comentó su madre mientras acomodaba la sábana debajo de su barbilla.

—Solo tenía curiosidad—dijo—, porque tú dices que Dios va a hablar a mi corazón cuando ore. Y como nunca lo he escuchado decir nada, me estaba preguntando si se encuentra bien.

Phyllis hizo una pausa para pensar en la mejor manera de responder la difícil pregunta de su hijo. Pero antes de poder dilucidar por dónde empezar, Vinnie dijo:

—¿Podemos desayunar panqueques mañana?

Luego se volteó y puso su cara frente a su pequeño oso de felpa, la señal de que estaba listo para dormir.

Una caricatura mostraba a un niño pequeño orando. Obviamente descontento con Dios, estaba diciendo: "La tía Harriet no se ha casado, el tío Hubert sigue sin trabajo y a Papá se le sigue cayendo el cabello. Estoy cansado de orar por esta familia sin obtener resultados".[1]

Aunque estas ilustraciones son graciosas, en cierto punto usted tendrá que responder algunas de las preguntas más difíciles de su hijo con respecto a Dios. Como la mayoría de los padres usted espera que la pregunta pronto se olvide, como en el caso de Phyllis. Pero, ¿qué pasa si no? Puede convertirse en una piedra de tropiezo para el avance espiritual de su pequeñito. Ellos tienen curiosidad por Dios. Quieren saber cómo es y quién es realmente. Y merecen una buena respuesta.

Una de las maestras de las clases para niños de nuestra iglesia cada año tiene que enseñar que Dios no es un anciano. Ellos automáticamente se lo imaginan así porque ha existido por siempre y Jesús vino hace más de dos mil años. Para contrarrestar esa noción, les pide que se imaginen a Dios como uno de sus amigos; el amigo agradable y no el cruel. El amigo cruel se burla de uno si cae; el agradable corre a ver si uno está bien. El último es el tipo de Dios al que oramos y servimos.

DIOS ESTÁ BIEN

La respuesta a la pregunta de Vinnie: "¿Dios, te encuentras bien?". Es un sonoro: "¡Sí!". ¡Dios es todo suficiente! No tiene necesidades. ¡Dios se encuentra bien! Lo que Vinnie estaba tratando de entender es esto: ¿Por qué Dios a veces responde mis oraciones inmediatamente y otras veces ni siquiera responde? Jesús se refirió a ese mismo punto cuando les dijo a sus discípulos que "debían orar siempre, sin desanimarse" (Lucas 18:1, NVI)

La persistencia en oración es una cualidad que todos necesitamos si nuestras oraciones van a florecer en algo especial.

Ser persistente no es ser una molestia. D. L. Moody expresó esa misma perspectiva cuando dijo: "Algunas personas piensan que a Dios no le gusta ser importunado con nuestro continuo venir y pedir. Pero la manera de molestar a Dios es no acudir a Él por completo".[2]

En el huerto de Getsemaní Jesús oró por lo mismo tres veces en lo que parece ser un periodo de tres horas (Mateo 26:44). Tres veces oró: "Padre mío, si no es posible evitar que yo beba este trago amargo, hágase tu voluntad" (Mateo 26:42, NVI). Su persistencia nació de un corazón afligido. Nunca tuvo dudas ni estuvo inseguro con respecto a la disposición de Dios de responderle.

Jesús simplemente estaba angustiado por el pensamiento de ser separado de Dios. Esto nunca había sido una realidad antes. El pensamiento de llevar los pecados del mundo mientras colgara de la cruz venidera pesaba fuertemente en su corazón. Su persistencia en oración era simplemente una confirmación de que la cruz era la única opción. Su persistencia, como la suya, dio el fruto de la valentía. La cruz tenía que ocurrir. El amor redentor de Dios tenía que ser demostrado a través de su muerte expiatoria, su sepultura y su resurrección. El silencio de Dios confirmó la necesidad de la inminente muerte de Jesús. ¡Dios se encontraba bien! La humanidad estaba a punto de tener un Salvador. ¡Todo estaba bien! El valiente acto de Jesús fue un producto secundario de su persistencia en oración. El silencio de Dios respondió la petición de Jesús. La cruz era la voluntad de Dios; y también la de Jesús. ¡Todo estaba bien!

La Biblia también muestra que Pablo, el gran apóstol, también oró tres veces con respecto a una de sus necesidades personales. El tiempo durante el que hizo sus oraciones es desconocido. Pero lo que sí conocemos es la respuesta. Pablo dijo: "Tres veces he rogado al Señor, que lo quite de mí [un aguijón en la carne]. Y me ha dicho: Bástate mi gracia; porque mi poder se perfecciona en la debilidad. Por tanto, de buena gana me gloriaré más bien en mis debilidades, para que repose sobre mí el poder de Cristo" (2 Corintios 12:8–9).

Algunos eruditos dicen que el aguijón en la carne de Pablo era una enfermedad debilitante, mientras que otros argumentan que era una persona maliciosa; un mensajero de Satanás con la infernal inclinación de atormentarlo. Es un punto debatible porque nos estamos enfocando en la persistencia de Pablo. Dios estuvo en silencio las primeras dos veces que oró. Pablo no tenía idea cuál era la opinión de Dios sobre el tema. Si sus oraciones eran en vano o fuera del alcance de la voluntad de Dios no le era claro. Sus repetidas oraciones simplemente era una versión adulta de preguntar: "¿Dios, te encuentras bien?". Dios estuvo en silencio incluso después de dos veces de presentar la misma petición.

Pero Dios estaba bien. Su silencio instruyó a Pablo. El silencio de Dios le enseñó a Pablo a practicar la persistencia: una cualidad que todos necesitan para tener una poderosa vida de oración. Pablo aprendió la lección y persistió en oración porque conocía el valor de la búsqueda divina y la valentía inquebrantable.

La persistencia de Pablo estaba empapada de fe. Tenía una confianza valiente en la disposición de Dios para responderle. Al final de la tercera petición de Pablo, Dios habló. La respuesta quizá no era lo que Pablo quería escuchar, pero lo llevó a un momento de paz. La respuesta de Dios fue tan medicinal que no importaba si el aguijón era removido o no. Pablo fue cambiado. El Señor le mostró que cuando él es débil, Cristo es fuerte dentro de él. La victoria de Pablo fue que se volvió más dependiente de Dios frente a la adversidad. La persistencia en oración trajo esta revelación. No permitió que el silencio inicial de Dios lo detuviera de orar.

¡Su hijo debe aprender lecciones similares! El silencio de Dios es la manera de Dios de decir: "¡Ven en pos de mí! ¡Acércate más a mí! ¡No retrocedas! ¡Apasiónate por desarrollar una relación más profunda conmigo!". El silencio de Dios no tiene el propósito de provocarlo a ira o de hacerlo concluir que sus necesidades no son importantes para Dios. Su silencio es un tiempo para renovar su pasión por una comunión más profunda con Él.

DIOS ES BUENO

Antes de dar gracias por los alimentos esa mañana, Lois de cuatro años oró: "Querido Dios, no creo que nadie pueda ser un mejor Dios. Bueno, solo quiero que sepas que no estoy diciendo eso solamente porque ya eres Dios". A una edad tan tierna esta pequeña ya había podido llegar a la conclusión de que Dios es bueno. Y ella quería registrar su opinión. La gratitud hacia Dios es un ingrediente importante en la oración. Esto fue lo que Erika y Joshua le enseñaron a sus hijos desde temprano en su formación espiritual. Frente a la mirada de sus hijos, Erika solía orar en una manera sumamente sencilla. Su meta era mostrarles con su ejemplo que la oración era sencilla, pero que sencillo no significa inútil o sin importancia. Siempre comenzaba sus oraciones con agradecimiento, alabanza y aprecio por Dios.

Este ejemplo reforzó la valentía de los niños para comenzar a orar ellos mismos primero siendo agradecidos. Aprendieron que antes de hacer una petición a Dios, deberían agradecerle por su bondad. Al principio Erika los alimentaba con una o dos cosas por las cuales agradecer a Dios. Les apilaba toneladas de felicitaciones después de que expresaban sus frases de agradecimiento. Su confianza con respecto a la oración se elevó. Pronto comenzaron a agradecerle a Dios por sus amigos, sus familiares y algunas veces incluso por sus juguetes y mascotas.

La demostración de oración de esta pareja es totalmente diferente de lo que Manny, de seis años, dice acerca de su mamá. Manny en voz baja una vez confesó: "Mi mamá habla con Dios cuando necesitamos más dinero".

No caiga en ese mal hábito. Dar gracias es la contraseña a la presencia de Dios. Fanny Crosby, la gran escritora de himnos, fue ejemplo de agradecimiento incluso por haber perdido la vista a la corta edad de seis años. Crosby dice: "Si mañana me ofrecieran vista terrenal perfecta, no la aceptaría. No habría cantado himnos de alabanza a Dios si me hubiera distraído con las hermosas e interesantes cosas acerca de mí".[3] El punto al que quiero llegar es que la gratitud y la alabanza deberían ser un elemento fundamental de nuestra vida de oración.

Jesús nos enseñó cómo estructurar nuestras oraciones. ¡La alabanza precede a las peticiones! Nos dijo que deberíamos orar: "Padre nuestro que estás en los cielos, *santificado* sea tu nombre (Mateo 6:9, énfasis añadido). La palabra *santificado* significa "santo". En oración, cuando describimos o mencionamos un atributo de Dios, como su santidad, es una forma de alabarlo. Esta no es adulación vacía. Dios no necesita inflar su ego. De hecho le estamos diciendo a Dios que estamos al tanto de su bondad, y por eso es que estamos muy agradecidos.

Se espera que usted entre por sus atrios con acciones de gracias y alabanza (Salmo 100:4). La alabanza debería anteceder a sus peticiones de oración.

Hace varios años comencé un ministerio llamado Escuela de Oración. Mi visión es incrementar el conocimiento y la destreza de la oración en el Cuerpo de Cristo. Ofrecemos tres niveles de instrucción: principiante, intermedio y avanzado. Los estudiantes que se gradúen del curso avanzado aprenden como enseñarle a otros el arte de la oración. Estos graduados suelen convertirse en líderes de oración de sus iglesias locales. Creo firmemente que los líderes de oración exitosos desarrollan a otros en intercesores eficaces. Entre los temas que les enseñamos está el *camino de la oración*. En otras palabras, ¿en qué manera la Biblia nos da un mapa para la oración?

Hay cuatro pasos diferentes o movimientos cuando oramos. Uno comienza con alabanza y avanza hacia la purificación. A partir de allí continúe con la oración, donde se invierte la mayor parte de su tiempo, y luego concluya con alabanza. Esto podría parecer entrecortado y mecánico, pero se parece mucho a bailar. Cuando uno ve bailarines talentosos, los pasos individuales dentro del baile son invisibles para el inexperto. Los bailarines con gracia se deslizan de un movimiento al siguiente. Las rutinas son tan fluidas y suaves que nunca se podría imaginar que son pasos diferentes que se unen en una coreografía para el baile. Lo mismo es cierto de las oraciones de un intercesor experimentado.

Los intercesores experimentados entran por los atrios de Dios con alabanza y le piden que los purifique, lo cual se realiza por medio de la confesión y el arrepentimiento del pecado. Después de eso avanzan hacia la razón de su visita a la sala del trono: orar. Antes de dejar al Rey, habiéndole hecho un ruego y una petición, usted debe darle gracias. Es aquí donde sucede la alabanza final de Dios. Usted no puede dejar la presencia del Rey sin agradecerle por escuchar y responder su petición.

Observe más de cerca las oraciones en la Biblia y usted notará como se encuentran intercaladas con alabanza y gratitud. El padrenuestro lo tenía (Mateo 6:9–13), y el modelo de oración de Pablo en su carta a los Efesios lo demuestra (1:15–21). Incluso las oraciones de los apóstoles, ofrecidas justo después de haber sido avergonzados públicamente por los gobernantes religiosos reflejan esta estructura de cuatro partes (Hechos 4:23–31).

¡La bondad de Dios merece gratitud! Por eso es que la Biblia dice: "Dad a Jehová la honra debida a su nombre" (1 Crónicas 16:29). La gratitud debería siempre saturar nuestras oraciones. Dios es demasiado bueno como para que no le agradezcamos lo suficiente.

DIOS PERDONA

Algunas personas dejan de orar porque batallan con el perdón. No pueden perdonarse a sí mismos por algo que quizá hicieron. Incluso podrían sentirse ofendidos por las acciones hirientes de otros hacia ellos. Batallan con la necesidad de perdonar a esa persona. Debbie de seis años oró: "Querido Dios, realmente hablas en serio con 'como quieres que hagan los demás contigo, así también haz tú con ellos'? Porque si es así, entonces voy a hacer las paces con mi hermano". Su adorable oración reveló la lucha de su corazón: el perdón.

Jesús enseñó que nuestras oraciones no pueden ser respondidas si no perdonamos a los que nos lastiman (Mateo 6:15). Esta es una lección crucial que sus hijos deben aprender. Como Dios es tan libre en su disposición de perdonarnos, debemos seguir su ejemplo. Al principio los niños quizá luchen con la necesidad de perdonar a sus amigos o a sus hermanos porque están enojados con ellos. No descarte su resentimiento. Sus sentimientos y emociones son reales e importantes, al igual que su enojo hacia los que lo han lastimado es real e importante. Tome un acercamiento creativo de modo que su hijo identifique la necesidad de perdonar a otros, la entienda y nunca la olvide.

Considere jugar el juego del perdón. Explique que cuando no se extiende el perdón, se convierte en un peso que llevan sobre sus hombros. El dolor provocado por su amigo o por quien haya sido se vuelve pesado cada vez que piensa en ello. Y cada vez que alguien les hace algo malo, le añade a la basura emocional que ya están cargando. Los agobia.

Ya sea desde una postura sentado o de pie, dele a su hijo algo qué cargar cierta distancia. Cada artículo que coloque sobre su hombro o en sus manos representa algo que alguien les hizo y que ellos no han perdonado. Comience colocando algo ligero sobre sus hombros y hágalo caminar diez pies [nueve metros] de ida y vuelta. Pregúntele si lo siente pesado. Con mucha probabilidad le dirá que "no". Luego pregúntele: "¿Te gustaría cargar eso a todas partes todo el tiempo?". Y entonces, añada algo más pesado, quizá un libro, en su mano y hágalo caminar la distancia original de ida y vuelta. Nuevamente debería preguntar: "¿Te gustaría cargar esto a todas partes todo el tiempo?".

Déjele saber que cada vez que le pide a Dios que lo ayude a perdonar a su amigo por lo que le hizo, el peso de ese dolor es quitado de su hombro. Entonces quite un artículo. Como todavía hay otras cosas en sus hombros o en su mano, pregúntele: "¿Te gustaría caminar por allí así aun y cuando el peso es más ligero?". Ellos ciertamente le dirán: "¡No!". Trabaje con el ejemplo para que sea una experiencia memorable y un momento de enseñanza sustancioso.

Haga que el ejercicio sea divertido y gracioso. Los ayudará a entender mejor el perdón. También simula la importancia del gran perdón de Dios por nosotros. Él nunca quiere que caminemos por allí con cargas pesadas que hacen la vida difícil y engorrosa. El punto principal del ejercicio de perdón es que su hijo conozca que si no perdona a los que lo ofendieron, Dios no puede escuchar sus oraciones.

Dios es creativo

"Querido Dios: ¿Tenías la intención de que la jirafa se viera así o fue un accidente?". Oró Norma. Esta niña de preescolar estaba realmente tratando de comprender la cuestión de si ser diferente es algo malo. Los niños necesitan saber que Dios es un genio creativo. Hizo que todos nosotros nos viéramos diferentes, camináramos distinto y habláramos en una manera única y que incluso tuviéramos dones diferentes. Dios hizo esto porque encuentra placer en nuestras diferencias. ¡Le agradan! Entre más rápido aprendan esta lección, más cómodos se sentirán consigo mismos y más abiertos estarán a celebrar su singularidad.

¿Recuerda cuando tenía que hacer su casa a prueba de bebés para que sus hijos no se lastimaran? Usted era muy considerado y meticuloso a causa de la importancia del proyecto. Bueno, este proyecto de la identificación de dones es igual de importante. La etapa de hacer su casa a prueba de bebés dura unos pocos años. Pero la identificación de dones le va a servir a su hijo de por vida. El salmista escribe: "Te alabaré; porque formidables, maravillosas son tus obras; estoy maravillado, y mi alma lo sabe muy bien" (Salmo 139:14).

Ayude a sus hijos a descubrir su personalidad, sus dones, sus gustos y lo que no les gusta. Cada descubrimiento debería ser celebrado porque han sido hechos en una manera maravillosa y formidable por Dios. Compararlos con otro les roba la belleza de la creación de Dios y su creatividad. Él quería que fueran diferentes de sus hermanos. Su creatividad, una vez destacada, debería fortalecerlos en el aspecto de la oración. Más que reservarse y cuestionar la creatividad de Dios como lo que dijo Norma de la jirafa, su hijo sabrá acudir confiadamente al trono de la gracia cuando sea tiempo de orar.

Tengo una familia en mi congregación que le enseñó a sus dos hijos cómo llegar a estar cómodos con sus dones. El papá le pidió a los dos niños que identificaran problemas a su alrededor y descubrieran maneras creativas de resolverlos. Una mañana la madre dejó a Joey de nueve años en la escuela, y observó una mochila adicional en el coche. Cuando le preguntó a Joey, despreocupadamente dijo que notó que a un niño de la escuela se le había roto la mochila unas semanas antes. Cuando le preguntó acerca de ello, el muchachito le dijo que sus padres no podían comprarle una nueva.

Joey decidió que él resolvería el problema por medio de darle al niño una de sus dos mochilas. La madre hizo todo un alboroto para reconocer la compasión de Joey. No fue algo que hubiera sido obligado o que hubiera surgido por la presión de sus padres. Su empatía por su compañero de la escuela era un indicador de la manera singular en la que Dios lo había hecho.

Su hermana menor, Lizzie, a los ocho años, descubrió que tenía dones diferentes. Venía programada con dones de liderazgo y administración. Su mamá, una consultora para organizaciones sin fines de lucro, tenía un cliente que operaba un albergue para indigentes. Mientras la madre y la hija estaban realizando algunas diligencias, la mamá decidió pasar por el albergue para terminar una conversación con su cliente. Lizzie no quería esperar en el coche. Una vez dentro, la mamá le señaló el cuarto de juegos donde los niños que vivían en el albergue pasaban el tiempo. Para la desilusión de Lizzie los juguetes no eran muy buenos que digamos.

Sin hablarlo con sus padres, Lizzie se acercó al director ejecutivo del Club de Niños y Niñas del vecindario, el lugar que ella y Joey frecuentaban después de la escuela, y le preguntó si fuera posible que todo su grupo llevaran juguetes nuevos y ligeramente usados allí. Los juguetes estarían destinados para los niños del albergue de indigentes. El director ejecutivo llamó a la mamá de Lizzie para hacerle saber lo que estaba sucediendo. El Club de Niños y Niñas respaldó el proyecto y sus familias también donaron juguetes. Al final de todo el asunto, fueron entregadas ocho cajas de juguetes al albergue de indigentes. Esto sucedió porque Lizzie de ocho años vio un problema e hizo algo al respecto.

Subraye con entusiasmo los puntos fuertes de sus hijos. Dios los ha creado con una creatividad, una perspectiva y unas habilidades únicas que los hacen destacarse en ciertas cosas. De igual modo, ayúdelos a encontrarle el sentido a sus defectos. Hay dos categorías. La primera refleja las cosas que nadie puede cambiar, mientras que la segunda les brinda la oportunidad de desarrollo personal. Las cosas que no se pueden cambiar se deben aceptar en la misma manera en que aceptamos una marca de nacimiento: como un sello único de Dios. La otra, la categoría de las debilidades, puede convertirse en proyectos emocionantes de oración y crecimiento.

DIOS QUIERE UNA RELACIÓN

Los niños deben tener una relación creciente con Dios que esté fundamentada en honestidad, autenticidad y obediencia. ¡El amor de Dios por nosotros nunca cambia! Nunca incrementa ni se reduce con base en cómo nos comportamos, bien o mal. Es constante. Dios es amor. Punto. Pero un punto necesario de aclaración en su formación espiritual debe ser aprender cómo su comportamiento hacia Dios y las personas puede afectar en una manera adversa el resultado de sus oraciones. Pedro señaló este principio al tomar un ejemplo del área del matrimonio. Escribe: "Vosotros, maridos, igualmente, vivid con ellas sabiamente, dando honor a la mujer como a vaso más frágil, y como a coherederas de la gracia de la vida, para que vuestras oraciones no tengan estorbo" (1 Pedro 3:7).

No hay duda de que el marido al que hace referencia este versículo ama a su esposa. El problema es que no se está comportando en una manera amorosa con ella. El Dios omnisciente observa esto y se ve obligado a hacer oídos sordos a las oraciones del marido. Sin importar su sinceridad, fe o vida de oración, este comportamiento hacia su esposa afecta su relación con Dios. Aunque Dios quiere responder sus oraciones, su relación se ha vuelto tensa porque el marido no está honrando a su esposa.

Este ejemplo no es unilateral. El mismo resultado podría ser fácilmente el caso si la esposa estuviera tratando a su marido irrespetuosamente, un niño a su padre, un padre a su hijo o un hermano a su hermano o hermana. El punto que Pedro estaba compartiendo es que nuestro maltrato de otro fuerza a Dios a guardar silencio con respecto a nuestras oraciones. En esta instancia el silencio de Dios no es una indicación de que Dios tenga un problema. Más bien, está demostrando un deterioro en la relación humana, lo cual molesta a Dios. Su silencio dice: "¡Arréglalo! ¡Pide perdón! Haz las paces".

Un muchachito llamado Billy fue con su madre exigiendo una bicicleta nueva. Su madre decidió hacerlo dar una buena mirada en lo profundo de su interior e inspeccionarse a sí mismo porque se había estado comportando como un malcriado. Así que le dijo: "Bueno, Billy, no es Navidad y no es tu cumpleaños y no tenemos el dinero para darte lo que sea que quieras comprar en el momento en el que lo quieras comprar. Así que ¿por qué no le escribes una carta a Jesús y le pides que *Él* te dé una bicicleta?".

Después de un berrinche, que incluyó tirarse al piso y patalear, Billy se levantó y salió del cuarto dando zapatazos. Se fue a su habitación y comenzó a escribirle su carta a Jesús. "Querido Jesús: —escribió—. He sido un buen chico este año, y agradecería una bicicleta nueva. Firma, tu amigo, Billy".

En eso Billy cayó en cuenta de que Jesús sabía cómo se había comportado todo el año. Había tenido una mala conducta y había sido desobediente. Así que después de pensarlo un minuto, Billy rompió la carta y lo intentó una segunda vez. Esta vez escribió: "Querido Jesús: Este año me he portado más o menos bien y quiero una bicicleta nueva. Firma, atentamente, Billy".

Bueno, sabiendo que esta carta tampoco era totalmente honesta, Billy la rompió y lo intentó de nuevo. "Querido Jesús —escribió—, he *pensado* en portarme bien este año, ¿podría tener una bicicleta nueva? Firma, Billy".

Finalmente, al darse cuenta de que todavía no estaba bien, Billy meditó en lo profundo de su corazón para tratar de entender lo que su madre estaba diciendo. Salió de su cuarto y de la casa y estuvo deambulando por su vecindario. De pronto se encontró delante de la iglesia católica local. Así que entró y vio el altar al frente. Quería ir allí y arrodillarse, pero había pasado tanto tiempo desde que oró la última vez que sentía que Dios no querría saber nada de él. Así que pensó un poco más acerca de cómo se había estado portando y continuó reflexionando en su corazón.

Finalmente se frustró tanto que dio la vuelta para salir de la iglesia. Caminó a la puerta y observó todas esas estatuas a su alrededor. Viendo una pequeña, la tomó y salió corriendo de la iglesia lo más rápido que pudo. Llegó corriendo a su casa y luego puso la imagen debajo de su cama. Entonces comenzó a orar.

"¡Jesús! —dijo casi sin aliento—. ¡Tengo a tu mamá! ¡Si no me das una bicicleta nunca la vas a volver a ver! Firma, ¡ya sabes quién!".

No lo podemos recomendar como un ejemplo para desarrollar una relación saludable con Dios, ¿o sí? Algunas veces tratamos de presionar a Dios para que haga cosas en maneras que no van de acuerdo con su carácter o con lo que Él requiere del nuestro. Dios quiere que actuemos con una gran cantidad de honestidad, autenticidad y obediencia, más que la que tuvo Billy.

Siempre que sintamos las ganas de orar: "Dios, ¿te encuentras bien?" significa que es el momento preciso para inspeccionarnos a nosotros mismos. El punto del asunto es que es probable que *nosotros* no estemos bien espiritual, emocional o socialmente. El silencio de Dios nos da tiempo para recomponernos. El arrepentimiento nos da la oportunidad de limpiar nuestras vidas completamente una vez más.

Una maestra de escuela dominical en cierta ocasión le preguntó a su grupo por el significado de la palabra *arrepentimiento*. Un pequeñito levantó la mano y dijo: "Es lamentar tus pecados". Una pequeñita también levantó la mano y dijo: "Por favor: es lamentarlo lo suficiente como para dejar de hacerlo".[4] El perdón de Dios siempre está disponible para las personas que se humillan y se arrepienten de sus pecados.

ACCIONES A TOMAR

Los niños están programados por Dios para hacer preguntas interesantes acerca de Dios. No los ignore. Trate de responder la mayor cantidad posible de preguntas porque los ayudará con su formación espiritual.

El silencio de Dios le brinda una oportunidad que las palabras quizá nunca lo hagan. Usted obtiene valentía, fe y pasión para ir más en pos de Dios durante los momentos en los que está en silencio.

Estas son algunas acciones que puede realizar con su hijo:

1. Como Dios se complace en ser creativo, considere jugar un pequeño juego con sus hijos para ayudarlos a descubrir su propia creatividad. Pídales que le digan el nombre de cinco alimentos que tengan un aspecto gracioso y que tengan un buen sabor. Luego pídales que le digan cinco cosas graciosas acerca de sí mismos. Luego dígales por qué cada una de esas cosas graciosas son únicas y buenas.

2. Al terminar de jugar el juego creativo, ore con su hijo algo como esto:

Señor, te agradezco por cómo hiciste único a mi hijo. Él refleja tu creatividad. Que siempre celebremos su singularidad. Gracias por ponerlo en nuestra familia. Te lo pido en el poderoso nombre de Jesús. Amén.

CONCLUSIÓN

———— ✹ ————

UNO DE LOS mayores legados que puede dejarle a sus hijos es una vida de oración fuerte. Una vez que ha conocido al Salvador, lo siguiente mejor en la formación espiritual de su hijo es conocer de primera mano cómo tener acceso a Él por medio de la oración. Orar con poder es cuando nos atrevemos a creerle a Dios que su fuerza que obra milagros obrará a nuestro favor.

Hay una vieja historia acerca del pastor de la iglesia del vecindario y un gatito. Cuando él y sus hijos estaban jugando con el gatito, el animalito trepó un árbol en su jardín trasero y tenía miedo de bajar. El pastor trató y trató de engatusarlo, ofreciéndole leche tibia y extendiendo las manos para que el gatito saltara. Nada funcionó. Como el árbol no era lo suficientemente sólido para treparlo, el pastor decidió que si amarraba una cuerda a su coche y se alejaba lo suficiente para que el árbol se inclinara, sus hijos podrían alcanzar al gatito y bajarlo.

Hizo todo esto, revisando su avance en el coche con frecuencia y luego se imaginó que si avanzaba un poco más, el árbol se inclinaría lo suficiente como para que los niños bajaran al gatito. Pero al mover el coche un poco más adelante la cuerda se rompió.

El árbol hizo "¡poing!", y el gatito instantáneamente salió volando por el aire, fuera de su vista. El pastor se sintió terrible.

Recorrió todo el vecindario preguntándole a la gente si habían visto a un lindo gatito. No. Nadie había visto a un gatito perdido.

Así que oró: "Señor, entrego este gatito a tu cuidado", y siguió con sus propios asuntos. Unos días después estaba en la tienda de comestibles y se encontró a una de las miembros de su iglesia.

Por casualidad miró dentro de su carrito de compras y quedó sorprendido de ver comida para gatos.

Ahora bien, esta mujer odiaba a los gatos y todos lo sabían, así que le preguntó: "¿Por qué está comprando comida para gatos si usted odia tanto a los gatos?".

Ella respondió: "No va a creer esto...". Luego le contó cómo su hijita le había estado rogando por un gatito, pero ella se mantenía rehusándose. Entonces hacía unos días, la niña le había rogado de nuevo, a lo que la mamá finalmente le dijo a la pequeña: "Bueno, si Dios te da un gatito, te dejaré tenerlo".

Y le dijo al pastor: "Vi a mi hija salir al jardín, arrodillarse y pedirle a Dios un gatito. Y, de veras, pastor, no me o va a creer, pero lo vi con mis propios ojos. De pronto, un gatito llegó volando de la nada, con las patas abiertas y cayó justo frente a ella".[1]

Aunque esta historia es ficticia, ilustra con precisión que los niños que oran no tienen obstáculos para involucrar a Dios en cada área de su vida. Así es cómo se debería ver la oración y la formación espiritual. La oración es práctica. La oración debería tocar todos los aspectos de su vida. Su responsabilidad es orar. Es responsabilidad de Dios realizar el milagro.

Mi oración es que Dios le dé un éxito tremendo en ayudar a sus hijos a volverse hábiles en el arte de la oración.

Apéndice

EJERCICIOS DE ORACIÓN

———— ☼ ————

LOS NIÑOS CON frecuencia aprenden conceptos importantes y hábitos valiosos a través de actividades divertidas. La oración se puede introducir en la misma manera. Con base en la edad y la madurez de su hijo, considere utilizar cualquiera de estas actividades, en parte o completas, para criarlo de modo que sepa cómo orar.

ENVIAR UNA ORACIÓN COMO MENSAJE DE TEXTO

La época de su hijo es la de las redes sociales. Para que la oración sea significativa y relevante, usted debe mostrarles cómo encaja en su mundo. Considere permitirles usar su teléfono o el de alguien más para enviar una oración por mensaje de texto a un pariente. Por ejemplo:

- **Para un pariente cristiano:** "Hola, Abuela, esta mañana oré por ti pidiendo: 'Padre celestial, ayuda a Abuela a no sentirse sola sino tener muchas buenas amigas y para que nuestra relación sea más fuerte'. ¡No puedo esperar a verte!".

• **Para un pariente no cristiano:** "Hola, Abuela, esta mañana oré por ti pidiendo: 'Amoroso Dios, ayuda a Abuela a experimentar tu amor mucho más. Por favor, responde todas sus preguntas espirituales y bendícela mucho. Te pido esto en el nombre de mi Salvador, Jesús. Amén'. Te amo, Abuela. ¡Nos vemos pronto!".

Tuitee una oración

Twitter es una manera excelente de conectarse con muchas personas e influenciarlos. Considere tomarse una "selfie" con su hijo y publicarla junto con su oración. Como Twitter actualmente lo limita a 140 caracteres, la oración de su hijo debe ser concentrada y sencilla. Dios no está limitado por el espacio, la distancia o el medio que usamos para presentar nuestras oraciones. Quién sabe, la oración de su hijo podría volverse viral. Este no es un intento de ser tiernos. Es utilizar el poder de los niños en una manera contemporánea para traer las necesidades de la sociedad más amplia a Jesús. Recuerde compartir con su hijo la respuesta de los tuits que sus seguidores publiquen con respecto a sus oraciones. Esto será muy alentador.

CANTE UNA ORACIÓN

Cantar es una manera excelente de enseñarle a su hijo a orar. El Libro de los Salmos es el cancionero de Dios y está lleno de las oraciones de salmistas como David, Salomón y los hijos de Coré. Escoja uno de los salmos y canten juntos algunos versículos. Por ejemplo, Salmo 145:1–2 (NVI) nos brinda las palabras que a los pequeños les encanta escuchar. Dice:

> Te exaltaré, mi Dios y rey; por siempre bendeciré tu nombre. Todos los días te bendeciré; por siempre alabaré tu nombre.

Añádale gestos y movimientos que coincidan con las palabras clave y usted tendrá a su pequeño saltando por allí mientras le canta sus oraciones a Dios. Por ejemplo: algunas palabras pueden tener gestos divertidos con facilidad como sigue:

- **Exaltaré (versículo 1):** Esta palabra significa levantar sobre todo lo demás. Su hijo necesita exaltar a Dios sobre todo lo demás en su vida. Pídale que le diga algo que él ya valora; posiblemente sea un juguete o una actividad. Entonces diga: "Dios quiere ser más importante (ser exaltado) que este juguete (o actividad)". Haga que su hijo o hija levante sus manos cada vez que se cante la palabra *exaltaré*.

- **Todos los días (versículo 2):** Estas palabras capturan la alabanza continua que su hijo debería expresar hacia las bendiciones de Dios. Su hijo necesita alabar a Dios *todos los días* por algo. Pregúntele: "¿De qué estás agradecido?". La respuesta debería ser insertada en la canción-oración. Si su respuesta es: "Estoy agradecido por mi mami y mi papi", entonces la canción-oración debería ir más o menos así: "Señor, todos los días te alabaré por Mami y Papi". Haga que salte arriba y abajo cada vez que cante las palabras *todos los días*.

ADORACIÓN

La música es una manera excelente de involucrar a los pequeñitos en actividades espirituales. Consiga algunas canciones de adoración amigables con los niños que tengan letra poderosa. Pasen unos minutos juntos en adoración. Considere danzar delante del Señor, incluso levantar sus manos al cielo, como una señal de un corazón rendido. Explíquele el significado de sus acciones. Por ejemplo, danzar significa que está agradecido y feliz por el perdón, el amor y las bendiciones de Dios (vea Salmos 30:11; 149:3; 150:4). Estas son algunas oraciones que puede hacer con sus hijos después de la adoración:

- Una vez que termine la canción, escoja un par de las frases de la letra y permita que sean un trampolín para las oraciones de su hijo.

- Ore por los artistas que escribieron la canción. Pídale a Dios que levante artistas poderosos que escriban canciones que lleven a muchas personas a Jesús.

Comenzar bien

Un buen día comienza con oración. Ayúdele a su hijo a ver hacia adelante e imaginarse el tipo de día que será. Si hay actividades divertidas o viajes programados, la oración lo capturará. Si hay cosas estresantes qué hacer, como ir al doctor, hacer un examen en la escuela o una larga lista de tareas, las oraciones tomarán eso en consideración. Estos son algunos ejemplos de oraciones:

- **Día divertido por delante:** "Querido Dios: Gracias por el divertido día que hemos planeado. Ayúdame a aprender mucho y a reír mucho. Quiero aprender cómo ser valiente e inteligente. Me quiero reír porque reírse es bueno. Úsame para animar a alguien más hoy. Te lo pido en el nombre de Jesús. Amén".

- **Día estresante por delante:** "Querido Dios: Llena mi corazón de paz. Camina conmigo a lo largo del día para que tenga valentía y fuerza. Úsame para ayudar a los demás a conocer tu paz. Te lo pido en el nombre de Jesús. Amén".

Terminar bien

Todos los días deberían terminar en oración. Sea que esta práctica suceda antes o después de leerle una historia a su hijo, críelos para comenzar y terminar su día en oración. Esto ayudará a su hijo a ver a Dios como parte integral de la vida. Estos son algunos ejemplos de oraciones:

- **Reflexión sobre el día:** "Querido Dios: Gracias por este día excelente que me diste. Me divertí mucho. Ayúdame a seguir creciendo en sabiduría y obediencia".

- **La familia:** "Padre celestial: Te doy gracias por Mami y Papi. Dales la fuerza para proveer para nuestra familia. ¡Que cada necesidad que tengamos sea satisfecha! Ayúdanos a amarnos unos a otros profundamente".

Oración según la altura

Los pequeños son muy observadores. Utilice su inclinación natural como una manera divertida de orar por la gente de su vida con base en la altura de la persona. Un día pídales que oren por las personas de su vida, comenzando desde la persona más alta a la persona más chica. Al día siguiente invierta el orden: de la persona más chica a la más alta.

ORACIÓN DE CINCO DEDOS

La oración de cinco dedos se ha vuelto más o menos popular en los círculos infantiles. Pídale a su hijo que estire una mano. Cada dedo desde el pulgar al meñique puede ser usado para representar a alguien en su vida. Por ejemplo:

- **El pulgar:** Pídale a su hijo que ore por alguien cercano a él; posiblemente por un miembro de la familia.

- **El dedo índice:** Pídale a su hijo que ore por alguien que los está guiando en la dirección correcta. Este puede ser un maestro de la escuela, una niñera o una maestra de escuela dominical.

- **El dedo medio:** Pídale a su hijo que ore por alguien que tenga una posición significativa de liderazgo, como el presidente de su país, su gobernador o su pastor.

- **El dedo anular:** Pídale a su hijo que ore por un muchacho que esté teniendo problemas familiares. Probablemente su mamá y su papá estén experimentando problemas matrimoniales. Que ore por la sanidad de su relación.

- **El dedo meñique:** Pídale a su hijo que ore por un amigo y por sí mismo.

Tablero de oración

Para ayudarle a su hijo a visualizar las cosas específicas por las que quiere orar, consiga un tablero tamaño cartel, marcadores mágicos, pegamento y lápices de cera. Juntos, peguen imágenes que representen su tema de oración recortándolos de una revista vieja o un periódico, o imprímalos de la internet y péguelos al tablero. Puede ponerles nombre. Una vez terminado, el tablero representará las cosas por las que su hijo está orando.

Oración por las naciones

Su hijo necesita saber que Dios ama al mundo. Para hacer que eso sea práctico, tome un globo terráqueo o localice un mapamundi en la internet. Muéstrele donde se encuentra en el mapa explicándole que Dios ama a todos en todas partes. Invítelo a orar por personas en diferentes países. Estos son algunos ejemplos:

- **Nación de origen:** Si usted o alguno de los abuelos nació en otro país, muéstreselo a su hijo en el mapa. Luego ore para que esa nación prospere y que la gente pueda aceptar a Jesús como su Salvador.

- **Niños de esa nación:** Pídale a su hijo que ore por todos los niños de la misma edad que él en esa nación específica que escogió.

Oraciones de fotografías familiares

Con el fin de hacer que sus hijos tengan el hábito de orar por su familia, saque el álbum familiar de fotografías. Oren por las personas que aparecen en las imágenes en cada página. Usted puede hacer que esta actividad sea tan corta o larga todo el tiempo que su hijo se mantenga participando. Incluso si hay familiares que no haya visto en mucho tiempo a causa de un conflicto, invite a su hijo a orar por la sanidad de la relación. Esto lo ayudará a ver que ese conflicto no es una buena razón para dejar de orar por una persona. También los llevará a la realidad de que Dios se preocupa por desarrollar una familia emocionalmente sana.

Oraciones por celular

Su celular contiene una riqueza de cosas que pueden ayudar a su hijo a orar. Estas son algunas opciones:

- Muestre la lista de sus "favoritos": las personas con las que habla a menudo en el teléfono. Usted y su hijo pueden recorrer la lista orando por cada uno, uno por uno.

- Muestre las últimas diez o veinte fotografías que haya tomado y ore por las personas que aparecen en cada una.

Camine y ore

Uno de los grandes héroes de la Biblia solía caminar cuando oraba. Eliseo el profeta es descrito caminando de un lado a otro de su habitación mientras oraba por un niño (2 Reyes 4:32–35). Convierta esto en una actividad divertida por medio de escribir palabras poderosas en una tarjeta de trabajo. Cada tarjeta tiene una palabra. Coloque las tarjetas a una distancia corta entre ellas en el piso. En las tarjetas pueden estar las palabras obediencia, alabanza, escuela, Mamá o Papá. O escriba el tema que usted quiera que se integre a las oraciones de su hijo.

Puede tener música de adoración tocando suavemente en el fondo para ayudar a crear un ambiente de oración. Explíquele el juego de oración a su hijo, mostrándole cómo orar por un tema cada vez que pise una tarjeta que lleve ese nombre. Su hijo puede pararse en una tarjeta tanto o tan poco como quiera. Pero cada tarjeta sobre la que se pare debe ser el tema de su oración.

ORACIÓN PARA ESCUCHAR

Como la oración es un diálogo y no un monólogo, usted debería esforzarse por enseñarle este aspecto de la oración a su hijo. Pídale a su hijo que le cuente acerca de su juego preferido. Mientras esté hablando emocionado, interrúmpalo sin aviso. Pregúntele: "¿Te gustó cuando te interrumpí?". Lo más probable es que le diga: "No me gustó. No es agradable".

Entonces dígale: "Esto es lo que hacemos cuando somos los que estamos hablando todo el tiempo en oración". En otras palabras: "Debes dejar de orar un rato para que Dios pueda hablar a tu corazón". La oración para escuchar es cuando ya ha orado unos minutos y luego guarda silencio. Su silencio significa que usted está esperando escuchar a Dios hablar. Si está orando constantemente, significa que está interrumpiendo a Dios mientras Él trata de hablar con usted.

LA ORACIÓN DE PERDÓN

Esta es una que mencioné en el capítulo 9.

Cuando usted no perdona a alguien, el dolor de la herida que le causaron es como si llevara un peso. Igualmente, si no es que más importante, cuando usted no perdona a otros Dios no lo perdona (Mateo 6:15). Ya sea desde una postura sentado o de pie, dele a su hijo algo que cargar cierta distancia. Cada artículo que coloque sobre sus hombros o en sus manos representa algo que alguien le hizo y que no ha perdonado. Comience colocando algo ligero sobre sus hombros y hágalo caminar diez pies [nueve metros] de ida y vuelta.

Pregúntele: "¿Te gustaría cargar eso a todas partes todo el tiempo?". Luego añada algo más pesado, quizá un libro, a su mano y hágalo caminar la distancia original de ida y vuelta. Nuevamente debería preguntarle: "¿Te gustaría cargar esto a todas partes todo el tiempo?". Haga que el ejercicio sea divertido y gracioso.

Déjele saber que cada vez que le pide a Dios que lo ayude a perdonar a su amigo por lo que le hizo, el peso de ese dolor es quitado de su hombro. Entonces quite un artículo. Como todavía hay otras cosas sobre sus hombros o en su mano, pregúntele: "¿Te gustaría caminar por allí así, aun y cuando el peso es más ligero?".

Ciertamente le dirá: "¡No!". Trabaje con el ejemplo para que sea una experiencia memorable.

Pregúntele si hay algo que le esté molestando por lo cual deba orar. Si debe extender perdón, pídale que ore: "Dios, ayúdame a perdonar a X o Y persona que me ha lastimado, quita la carga de mis hombros. En el nombre de Jesús. Amén". Como padre entonces determine si debe continuar con una conversación con su hijo y con la persona que ha sido el centro de su petición de perdón.

LA ORACIÓN DE TODOS LADOS

Para involucrar a su hijo en un aspecto más amplio de la oración utilice la "Oración de todos lados" como herramienta. Usted les enseñará cómo orar, arriba, afuera, adentro, abajo y todo alrededor: las cinco direcciones de la oración.

- **Arriba:** Mirando hacia arriba a Dios su hijo puede orar: "Señor, ayúdame a acercarme más a ti y a servirte mejor".

- **Afuera:** Esto habla de tener fuertes relaciones con los demás. Ore: "Señor, ayúdame a desarrollar amistades fuertes con personas en mi escuela, iglesia y vecindario".

- **Adentro:** Esta dirección habla acerca de la vida interior de su hijo. Enséñele a orar por sí mismo pidiendo: "Dios, ayúdame a ser valiente, sabio y amoroso. Quiero ser un gran seguidor de Jesús y amar a la gente todavía más".

• **Abajo:** Ver hacia abajo habla de personas que están sufriendo, oprimidas o en pobreza. Esto le enseña a su hijo a orar por justicia, compasión y misericordia para los pobres y los oprimidos entre nosotros. Pídale que ore: "Dios, ayúdame a tener compasión y misericordia por las personas que están sufriendo. Te pido que les suplas alimentos a los hambrientos y casa a los indigentes. Prepara personas que ayuden a los que están sufriendo, en el nombre de Jesús. Amén".

• **A su alrededor:** Pídale a su hijo que gire con su dedo señalando hacia el frente. Esto simboliza al mundo. Invite a su hijo a orar: "Señor, que tu amor y tus bendiciones toquen al mundo. Levanta misioneros que difundan el mensaje de Jesús a todas partes. Provee agua y medicinas a la gente alrededor del mundo".

EL PADRENUESTRO

Memorizar el padrenuestro brinda una estructura sustanciosa así como un contenido invaluable a la oración. Millones de cristianos se aprendieron esta oración en su niñez. Explore métodos creativos para ayudar a su hijo a memorizarla:

Padre nuestro que estás en los cielos, santificado sea tu nombre. Venga tu reino. Hágase tu voluntad, como en el cielo, así también en la tierra. El pan nuestro de cada día, dánoslo hoy. Y perdónanos nuestras deudas, como también nosotros perdonamos a nuestros deudores. Y no nos metas en tentación, mas líbranos del mal.

—MATEO 6:9–13

En cuanto le pida al Señor que le dé ideas creativas que puedan involucrar a su hijo en oración, Él lo hará. Esta no es una lista exhaustiva; solamente ayuda a cebar su bomba creativa.

NOTAS

❂

INTRODUCCIÓN

1. Dan Brewster, "The '4/14 Window': Child Ministries and Mission Strategies"; [La ventana 4/14: Ministerios de niños y estrategias para misiones], Compassion International, actualizado en agosto de 2005, http://www.compassion.com /multimedia/The%204_14%20Window.pdf.

CAPÍTULO 1:
EL PODER DE UN PADRE QUE ORA

1. Dick Eastman, *No Easy Road* [No es un camino fácil], (Fairfax, VA: Chosen Books, 1973).

2. E. M. Bounds, *El propósito de la oración*, (Barcelona, España: Editorial Clie), 48 de la edición en inglés de 1978.

3. Dick Eastman, *The Hour That Changes the World* [La hora que cambia el mundo], (Fairfax, VA: Chosen Books, 2002), 21.

4. Rick Warren, AZ Quotes, consultado el 13 de febrero de 2016, http://www.azquotes.com/quote/1458207.

5. Rebecca Lamar Harmon, *Susanna: Mother of the Wesleys* [Susana: Madre de los Wesley] (Nashville, TN: Abingdon Press, 1968), 60.

6. Mark Batterson, AZ Quotes, consultado el 13 de febrero de 2016, http://www.azquotes.com/quote/895123.

7. "Inflight passenger announcements" [Avisos a los pasajeros durante un vuelo], AirOdyssey.net, consultado el 2 de febrero de 2016, http://airodyssey.net/reference/inflight/#takeoff.

8. Alexander Whyte, "The Magnificence of Prayer" [La magnificencia de la oración], News for Christians, consultado el 29 de febrero de 2016, http://www.newsforchristians.com/clser1 /whyte_005.html.

9. Mark Batterson, AZ Quotes, consultado el 13 de febrero de 2016, http://www.azquotes.com/quote/762388.

10. Wesley E. Duewel, *Heroes of the Holy Life* [Héroes de una vida santa] (Grand Rapids, MI: Zondervan, 2002), 100.

11. Michael Lipka, "What Surveys Say About Worship Attendance—and Why Some Stay Home" [Que dicen las encuestas acerca de la asistencia a los servicios y por qué algunos se quedan en casa], Pew Research Center, consultado el 2 de febrero de 2016, http://www.pewresearch.org/fact-tank/2013/09/13/what-surveys-say-about-worship-attendance-and-why-some-stay-home/.

12. Alan Hirsch, *Caminos olvidados*, (Missional Press, 2009), 85 de la edición en inglés.

13. "Only One With Hand Up" [Solo uno con las manos levantadas], Bible.org, consultado el 4 de abril de 2016, https://bible.org/illustration/only-one-hand.

CAPÍTULO 2:

EL PODER DE UN HIJO QUE ORA

1. James S. Hewett, ed., *Illustrations Unlimited* [Ilustraciones ilimitadas], (Wheaton, IL: Tyndale House Publishers, 1988), 116-117.

2. Kathryn Lay, "A Little Girl's Answered Prayer" [La oración contestada de una pequeña niña], *Guideposts*, consultado el 2 de febrero de 2016, https://www.guideposts.org/faith-in-daily-life/prayer/answered-prayers/a-little-girls-answered-prayer?nopaging=1.

3. Muhammad Ali's Twitter, consultado el 24 de febrero de 2016, https://twitter.com/muhammadali/status/302446833022668801.

4. G. Curtis Jones, *1000 Illustrations for Preaching and Teaching* [1000 ilustraciones para predicar y enseñar], (Nashville, TN: Broadman Press, 1986), 297.

5. Donald O. Clifton and Paula Nelson, "How 'Average' People Excel" [Cómo las personas "promedio" sobresalen], *Reader's Digest*, 1992.

6. Dr. Howard and Geraldine Taylor, *El secreto espiritual de Hudson Taylor* (Grand Rapids, MI: Portavoz, 1988), 32–33 de la edición en inglés de 2003.

7. Duewel, *Heroes of the Holy Life* [Héroes de una vida santa], 92.

8. J. H. Jowett, *God—Our Contemporary* [Dios, nuestro contemporáneo], (New York: Fleming H. Revell Co., 1922), 18.

Capítulo 3:
Jesús: los primeros doce años

1. Nicole Pelletiere, "Parents Capture Toddler's Prayer on Baby Monitor" [Padres capturan la oración de infante a través del monitor de bebés], *Good Morning America*, 26 de enero de 2016, consultado el 27 de enero de 2016, https://gma.yahoo.com/parents-capture-toddlers-prayer-baby-monitor-165430365—abc-news-lifestyle.html?nwltr=gma_fb#.

2. Chambers, Oswald, *En pos de lo supremo*, (Barcelona, España: Editorial Clie, 2007).

3. William Douglas Chamberlain, *The Meaning of Repentance* [El significado del arrepentimiento], (Philadelphia: Westminster Press, 1943), 23.

4. Dave Clark, "Treat Each Other Like the Answer to a Prayer" [Trátense unos a otros como la respuesta a una oración], Ankeny Christian Church, Sermón principal, diciembre 2012, consultado el 12 de abril de 2016, http://www.sermoncentral.com/illustrations/sermon-illustration-dave-clark-stories-prayeroffaith-82557.asp.

Capítulo 4:
El pequeño Juan (alias: Juan el Bautista)

1. Hewett, ed., *Illustrations Unlimited* [Ilustraciones ilimitadas], 115.

2. Joachim Jeremias, *Jerusalem in the Time of Jesus* [Jerusalén en los tiempos de Jesús] (Filadelfia: Fortress Press, 1969), 200–201.

3. Hewett, ed., *Illustrations Unlimited* [Ilustraciones ilimitadas], 421.

4. "24 Quotes About Struggles" [24 citas sobre las luchas], ChristianQuotes.info, consultado el 4 de abril de 2016, http://www.christianquotes.info/quotes-by-topic/quotes-about -struggles/.

5. Dick Eastman, *The Purple Pig and Other Miracles* [El cerdo morado y otros milagros] (Lake Mary, FL: Charisma House Publishers, 2010), 38.

6. Scott Clement, "Americans Continue to Pray Even as Religious Practices Wither, Survey Finds" [Una encuesta encontró que los estadounidenses continúan orando incluso a pesar de que las prácticas religiosas disminuyen], *Washington Post*, 6 de marzo de 2015, consultado el 23 de febrero de 2016, https://www.washingtonpost.com/local/americans-continue-to-pray -even-as-religious-practices-wither-survey-finds/2015/03/06 /89cbb99a-c37f-11e4-9271-610273846239_story.html.

7. Richard Foster, *Celebración de la disciplina* (Peniel, 2009), 97 de la edición en inglés de 1998.

8. Ruth Haley Barton, *Strengthening the Soul of Your Leadership* [Fortaleciendo el alma de su liderazgo] (Downers Grove, IL: InterVarsity Press, 2008), 22.

9. Henri Nouwen, AZ Quotes, consultado el 13 de febrero de 2016, http://www.azquotes.com/quote/1302165.

CAPÍTULO 5:

LIBERE EL PODER DE LOS NIÑOS

1. David Cerqueira, "A Dying Girl Shows Honor of Serving God" [Una niña moribunda demuestra el honor de servir a Dios], Christianity Today, Preachingtoday.com, adaptada de la revista *Evangel* (diciembre 2005), consultado el 1 de marzo de 2016, http://www.christianity.com/11622768/.

2. John Vianney, AZ Quotes, consultado el 13 de febrero de 2016, http://www.azquotes.com/quote/550399.

3. Silas Shotwell, "What Are You Good For?" [¿Para qué eres bueno?], SermonSearch.com, originalmente publicado en *Homemade* en 1987, consultado el 1 de febrero de 2016, http://www.sermonsearch.com/sermon-illustrations/7437/what-are -you-good-for/.

4. "Finished a Day of Teaching, 'a Day Wasted'" [Un día de enseñanza terminado "un día desperdiciado"], Historytech .Wordpress.com, 12 de abril de 2010, consultado el 4 de abril de 2016, https://historytech.wordpress.com/2010/04/12/finished-a -day-of-teaching-a-day-wasted/.

5. *Sunday School Times* [Tiempos de escuela dominical].

Capítulo 6:
Añada fe a sus oraciones

1. "Saint Augustine Quotes" [Citas de San Agustín], BrainyQuote.com, consultado el 7 de abril de 2016, http://www .brainyquote.com/quotes/quotes/s/saintaugus121380.html.

2. Ken Auletta, "The Lost Tycoon" [El magnate perdido], *New Yorker*, 23 de abril de 2001, consultado el 1 de marzo de 2016, http://www.newyorker.com/magazine/2001/04/23/the-lost -tycoon.

3. "Bringing a Little Humor to Your Mother's Day" [Póngale un poco de humor a su Día de las madres], Grow Counseling, 11 de mayo de 2012, consultado el 8 de abril de 2016, http:// www.growcounseling.com/bringing-humor-mothers-day/.

4. "African Woman's Prayer of Faith" [Oración de fe de una mujer africana], PreachingToday.com, consultado el 12 de mayo de 2016, http://www.preachingtoday.com/illustrations/2005 /december/16259.html. Usado con autorización.

5. Blair Justice, *Who Gets Sick: Thinking and Health* [Quién se enferma: Pensamiento y salud], (Houston, TX: Peak Press, 1987), 301.

6. Linda Byron, KING-TV, Seattle, "Once a Shelter Dog, Now He's Saving Lives" [El que fuera un perro de albergue ahora está salvando vidas], *USA Today*, 1 de diciembre de 2015, con- sultado el 3 de febrero de 2016, http://www.usatoday.com/story /news/humankind/2015/11/30/these-shelter-dogs-turning-into -police-super-stars/76572992/.

7. Francis A. Schaeffer, *How Should We Then Live? The Rise and Decline of Western Thought and Culture* [¿Entonces cómo deberíamos vivir? El surgimiento y el declive del pensamiento y la cultura occidental], (Wheaton, IL: Crossway, L'Abri, Edición del 50° aniversario, 2005), 24.

8. Steve May, *The Story File: 1001 Contemporary Illustrations for Speakers, Writers and Preachers* [El archivo historias: 1001 ilustraciones contemporáneas para conferenciantes, escritores y predicadores], (Peabody, MA: Hendrickson Publishers, 2000), 19.

9. Fox Butterfield, "Pornography Cited in Ouster at Harvard" [Se cita la pornografía como causa de despido en Harvard], *The New York Times*, 20 de mayo de 1999, consultado el 1 de marzo de 2016, http://www.nytimes.com/1999/05/20/us/pornography -cited-in-ouster-at-harvard.html.

10. "Answered Prayers" [Oraciones contestadas], 2Christ.org, consultado el 3 de febrero de 2016, http://www.2christ.org /prayer/.

CAPÍTULO 7:
ORE POR EL SUEÑO DE DIOS PARA SU HIJO

1. Chris Boyette y Lisa Cohen, "Sex-Trafficking Survivors Use New Ink to Reclaim Their Lives" [Sobrevivientes del trafico sexual usan una nueva tinta para reclamar sus vidas], The CNN Freedom Project, 2 de septiembre de 2015, consultado el 1 de marzo de 2016, http://www.cnn.com/2015/09/02/us/human -trafficking-branding-survivors-ink/index.html.

2. *Ibíd.*

3. "William Carey Quotes" [Citas de William Carey], Brainy Quote, consultado el 8 de abril de 2016, http://www .brainyquote.com/quotes/quotes/w/williamcar191985.html.

4. Matthew Henry, *Commentary on the Whole Bible (Concise): Exodus 32:7–14* [Comentario de la Biblia completa (conciso): Éxodo 32:7-14], como se ve en BibleStudyTools.com, consultado el 8 de abril de 2016, http://www.biblestudytools .com/commentaries/matthew-henry-concise/exodus/32.html.

5. Duewel, *Heroes of the Holy Life* [Héroes de una vida santa], 37.

6. "Grab the First Opportunity" [Tome la primera oportunidad], blog *Chat With God*, consultado el 19 de abril de 2016, https://chatwithgod.wordpress.com/2011/03/05/grab-the-first -opportunity/.

7. "Mark Twain Quotes" [Citas de Mark Twain], *Good Reads*, consultado el 11 de abril de 2016, http://www.goodreads.com /quotes/404897-keep-away-from-people-who-try-to-belittle -your-ambitions.

8. Steve Almasy, "Olympian's Strength Built From Life on the Streets" [Fortaleza olímpica que se formó de una vida en la calle], CNN, 22 de febrero de 2010, consultado el 8 de abril de 2016, http://www.cnn.com/2010/SPORT/02/22/olympics .bobsledder.homeless/.

9. *Ibíd.*

CAPÍTULO 8:

¡DIOS, SÁLVAME!

1. "Billy Graham Quotes" [Citas de Billy Graham], Brainy Quote, consultado el 11 de abril de 2016, http://www .brainyquote.com/quotes/quotes/b/billygraha150663.html.

2. Paul Lee Tan, *Encyclopedia of 7700 Illustrations* [Enciclopedia de 7700 ilustraciones], (Garland, TX: Bible Communications, Inc., 1996).

3. Reinhard Bonnke, *Living a Life of Fire* [Vivir una vida de fuego], (Longwood, FL: Harvester Services, 2010), 78–79.

4. *Ibíd.*

5. Anthony Perry, "Overcoming the World" [Cómo vencer al mundo], SermonCentral.com, abril de 2009, consultado el 4 de abril de 2016, http://www.sermoncentral.com/sermons /overcoming-the-world-anthony-perry-sermon-on-action -134332.asp?Page=4.

6. David D. Ireland, "San Bernardino, Paris: When We Ask, 'Why, God?' We Are Asking the Wrong Question" [San Bernardino, Paris: Cuándo le preguntamos a Dios ¿por qué Dios?, estamos haciendo la pregunta equivocada], FoxNews.com, 3 de diciembre 3 de 2015, consultado el 4 de febrero de 2016, http:// www.foxnews.com/opinion/2015/12/03/san-bernardino-paris -when-ask-why-god-are-asking-wrong-question.html.

7. "CNN Larry King Live: Interview with Joyce Meyer" [CNN En vivo con Larry King: Entrevista con Joyce Meyer], CNN. com, 19 de mayo de 2005, consultado el 4 de abril de 2016, http://transcripts.cnn.com/TRANSCRIPTS/0505/19/lkl.01.html.

8. David D. Ireland, *"Failure" Is Written in Pencil* ["Fracaso" está escrito con lápiz], (Rockaway, NJ: Impact Publishing House, 2000), 22–23.

9. "Parenting" [Crianza], SermonIllustrations.com, consultado el 19 de abril de 2016, http://www.sermonillustrations.com /a-z/p/parenting.htm.

10. James Dobson, AZ Quotes, consultado el 12 de febrero de 2016, http://www.azquotes.com/quote/952000.

CAPÍTULO 9:
¿DIOS, TE ENCUENTRAS BIEN?

1. G. Curtis Jones, *1000 Illustrations for Preaching and Teaching* [1000 ilustraciones para predicar y enseñar], (Nashville, TN: Broadman Press, 1986), 293.

2. Dwight L. Moody, AZ Quotes, consultado el 12 de febrero de 2016, http://www.azquotes.com/quote/545412.

3. Fanny Crosby, AZ Quotes, consultado el 12 de febrero de 2016, http://www.azquotes.com/quote/763828.

4. Tan, *Encyclopedia of 7700 Illustrations* [Enciclopedia de 7700 ilustraciones].

CONCLUSIÓN

1. "Flying Kittens and Answered Prayer" [Gatitos voladores y la oración contestada], John Mark Ministries, 28 de agosto de 2003, consultado el 12 de abril de 2016, http://www.jmm.org .au/articles/1573.htm.

ACERCA DEL AUTOR

———— ❂ ————

EL DR. DAVID IRELAND es fundador y pastor principal de Christ Church, una iglesia multisitio en Nueva Jersey con una congregación de ocho mil miembros de más de sesenta nacionalidades. Consultor de diversidad para la National Basketball Association, el Dr. Ireland dirige los servicios de capilla de los Giants de Nueva York, de los Jets de Nueva York y en el Pentágono de los EE. UU. Ireland es autor de aproximadamente veinte libros, y ha aparecido en *The Dr. Phil Show*, en *CBS Evening News* y en *The 700 Club*. A través de su corporación de desarrollo de la comunidad ofrece un hogar a las víctimas de violencia doméstica y a un instituto de liderazgo juvenil. El Rev. Ireland cursó estudios superiores en ingeniería mecánica (Fairleigh Dickinson University), tiene un posgrado en ingeniería civil (Stevens Institute of Technology) y una maestría en teología (Alliance Theological Seminary). Obtuvo un doctorado en liderazgo organizacional (Regent University) y terminó sus

trabajos posdoctorales en la University of Pennsylvania.
El Dr. Ireland fue nombrado recientemente miembro de
la Comisión Asesora del Gobernador sobre Iniciativas
Basadas en la Fe. También sirve en las juntas del Nyack
College y del Alliance Theological Seminary y fue profesor adjunto en la Drew University. Él y su esposa Marlinda han estado casados desde 1984 y tienen dos hijas
adultas. Para más información visite: www.DavidIreland.
org.

RECETAS DE
JUGOS, BATIDOS Y
ALIMENTOS ORGÁNICOS
PARA UNA SALUD ÓPTIMA

ESTAS GUÍAS DE FÁCIL ACCESO
Y DE REFERENCIA RÁPIDA INCLUYEN:

RECETAS PARA infusiones, jugos y batidos curativos.

RECOMENDACIONES PARA recetas de alimentos crudos
que ayudan a sanar diferentes condiciones de salud.

CONSEJOS PARA preparar, limpiar y
almacenarsus jugos y batidos, ¡y más!

Recupere su familia y
fortalezca su futuro

CONOZCA:

- Las 4 cosas que destruyen una familia
- Cómo los padres pueden ganar el respeto de sus hijos
- Los siete hábitos para desarrollar en familia

¡podemos vivir juntos y disfrutar el viaje!

De regreso a casa

RECUPERE SU FAMILIA Y
FORTALEZCA SU FUTURO

SIXTO PORRAS

DIRECTOR DE ENFOQUE A LA FAMILIA PARA EL MUNDO HISPANO

SIXTO PORRAS

DIRECTOR DE ENFOQUE A LA FAMILIA
PARA EL MUNDO HISPANO

 CASA CREACIÓN

WWW.CASACREACION.COM | FACEBOOK.COM/CASACREACION

14082